Viktor Emil Gardthausen

Mastarna oder Servius Tullius

Mit einer Einleitung über die Ausdehnung des Etruskerreiches

Viktor Emil Gardthausen

Mastarna oder Servius Tullius
Mit einer Einleitung über die Ausdehnung des Etruskerreiches

ISBN/EAN: 9783743650480

Hergestellt in Europa, USA, Kanada, Australien, Japan

Cover: Foto ©ninafisch / pixelio.de

Weitere Bücher finden Sie auf **www.hansebooks.com**

MASTARNA

ODER

SERVIUS TULLIUS

MIT EINER EINLEITUNG

ÜBER

DIE AUSDEHNUNG DES ETRUSKERREICHES

VON

V. GARDTHAUSEN.

MIT EINER TAFEL.

LEIPZIG,

VERLAG VON VEIT & COMP.

1882.

ARNOLD SCHAEFER

ZUM DREISSIGSTEN NOVEMBER 1882

GEWIDMET

VOM VERFASSER.

Am Eingange der Grabhügel Etruriens sehen wir mehr als Einmal rechts und links von dem mächtigen Felsenportale eine geflügelte Sphinx Wache halten; sie ist ein Bild jenes räthselhaften Volkes und Landes. Etrurien ist eine Sphinx, die uns nicht Eine Frage, sondern eine Reihe von Räthseln vorlegt, die bis jetzt wenigstens ungelöst, vielleicht sogar unlöslich sind. Woher die Etrusker kamen, wann sie in Italien einwanderten, warum sie so rasch den ersten Platz unter den Völkern Italiens einnahmen, den sie so rasch wieder verloren — das wissen wir nicht. In Bezug auf ihre Geschichte, ihre Alterthümer und Mythologie können wir die meisten Fragen kaum stellen, geschweige denn beantworten. Ihre Sprache ist uns immer noch ein Buch mit sieben Siegeln; und noch vor wenig Jahren hat die Sphinx ein neues Opfer gefordert, als einer unserer ersten Sprachforscher sich daran wagte, das Räthsel der etruskischen Sprache zu lösen, und mit seinem Leben dafür büssen musste, dass er das lösende Wort nicht gefunden.

Fast müssten wir daran verzweifeln, etwas Näheres über dieses räthselhafte Volk zu erfahren, wenn wir nicht wenigstens Zweierlei hätten, seine Gräber und seine Inschriften. Aber die Gräber sind stumm; und was nützen uns die Inschriften, wenn wir ihre Sprache nicht verstehen? Von der Sprache der Etrusker verstehen wir allerdings ausser den Namen kaum 60—70 Worte,[1] die uns zum Verständniss der Inschriften wenig nützen; allein zum Glück für uns bestehen die etruskischen, ebenso wie die lateinischen Inschriften zum grossen Theil aus Grabschriften, die mit ihren Namen, Verwandtschaftsbezeichnungen und stehenden Formeln nicht nur für uns vollständig lesbar, sondern zum Theil wenigstens auch verständlich sind. Und wo die Inschriften versagen, da helfen die Gräberfunde

---

[1] MÜLLER-DEECKE. Etrusker 2, 508.
GARDTHAUSEN, Mastarna.

nach. Hunderte und tausende von etruskischen Gräbern sind in den letzten 50 Jahren ausgegraben und haben helles Licht verbreitet, wenn auch nicht über die Geschichte einzelner Individuen, so doch über die grossen geschichtlichen Epochen dieses ältesten italischen Culturvolkes.

Finsterniss deckte noch weit und breit die Länder des Westens, da begann bereits der Morgen der Geschichte über den Bergen Etruriens zu dämmern. Das Licht kam von Osten. Phönicische Kaufleute waren es, die an den unwirthlichen Küsten landeten und den Etruskern Waaren verkauften, deren ägyptischer oder assyrischer Stil und Ursprung auf den ersten Blick in die Augen fällt. Diese Scarabäen und Strausseneier, die aus den ältesten etruskischen Gräbern ans Tageslicht kamen, hätten ebenso gut auf afrikanischen Boden, jene alterthümlichen Vasen und Schmuckgegenstände altasiatischen Stiles hätten ebenso gut in Niniveh oder Babylon gefunden werden können; dass sie aber in Etrurien gefunden sind, ist ein neuer Beweis dafür, dass dieses Volk sich bereits zu einer Zeit — wenn auch nur passiv — am Welthandel betheiligte, da noch die Phönicier den ganzen Handel mit dem Westen vermittelten.

Andere Gräberfunde gehören einer zweiten Periode an, in der die Phönicier durch ihre Concurrenten, die Hellenen verdrängt wurden, deren Einfluss, wie wir uns noch heute durch den Augenschein überzeugen können, noch viel weiter und tiefer gehend gewesen ist; hier können wir alle Phasen der Entwickelung ganz genau verfolgen von den ältesten, archaischen Proben, die noch auf Einer Stufe stehen mit den SCHLIEMANN'schen Funden von Troja und Mykenae, bis zu dem freiesten, entwickelten Stil der sinkenden Kunst. Daneben bildete sich dann allerdings erst in einer relativ späteren Periode drittens ein einheimischer Stil aus, der seine grösste Selbstständigkeit und Vollendung in der Metalltechnik erreichte.

Wenn also die Gräber auch stumm sind, so predigen sie doch laut genug zwei Thatsachen der ältesten italischen Geschichte: die Priorität und — was damit aufs Engste zusammenhängt — die Superiorität der etruskischen Cultur, die übrigens auch für die älteste Zeit von den römischen Historikern willig anerkannt werden. Auch die griechischen Lehnworte und Namen zeigen in ihrer unbehülflichen etruskischen Form unter Anderem z. B. durch Beibehaltung des Digamma,[1] dass der Austausch zwischen Hellenen und Etruskern bereits in sehr früher Zeit begonnen haben muss. Wir brauchen daher nicht einmal unsere Zuflucht zu nehmen zur Aegyptologie, die uns

---

[1] Vgl. CORSSEN. Etr. 1, 859 ff.

beweisen will, dass die Etrusker schon ums Jahr 1350 v. Chr. im Verein mit anderen italischen und griechischen Stämmen einen Einfall in Aegypten gemacht hätten. [1] Es sind noch mancherlei Zweifel zu lösen, gerade in Bezug auf die Identificirung der italischen Völker, so dass wir jene ägyptische Inschrift als sichern Ausgangspunkt weder benutzen können, noch auch zu benutzen brauchen, da die Erkenntniss sich immer mehr Bahn bricht, dass „im Beginne der italischen Völkergeschichte die Etrusker als das mächtigste und gebildetste Volk Italiens erscheinen." [2] Auch die Inschriften führen zu demselben Resultate. CORSSEN hat dem zweiten Bande seines Werkes über die Sprache der Etrusker eine allerdings wenig übersichtliche Uebersichtskarte der Fundstätten etruskischer Inschriften beigegeben, welche die grosse Ausdehnung des etruskischen Sprachgebietes veranschaulicht. Es ist keineswegs bloss das moderne Etrurien zwischen Arno und Tiber, sondern auch das nördliche Bergland bis zur Poebene war in ihren Händen mit Einschluss von Reggio, Bologna, Ravenna und einigen anderen Orten an der adriatischen Küste, z. B. Adria, Rimini, Pesaro. Andererseits sind sogar bei Nizza und Alessandria etruskische Inschriften gefunden. [3] Die nördlichsten Inschriften der Etrusker sind in den Ausläufern der Alpen gefunden am Lago Maggiore und Comer See, im oberen Thal der Adda, im Stromgebiet der Etsch bis zum Eisackthal. [4] Zwischen dieser nördlichen und der mittleren Gruppe liegt allerdings die Poebene, in der keine etruskischen Inschriften zu Tage gekommen sind. [5]

Dieser Umstand beweist aber nicht etwa, dass hier keine Etrusker gesessen haben, sondern vielmehr, dass diese reichste und schönste Ebene Italiens den Etruskern bereits zu einer Zeit entrissen wurde, als der Gebrauch der Schrift noch nicht allgemein war; wir wissen vielmehr durch POLYBIUS (2, 17) und andere Historiker, dass auch die Poebene den Etruskern gehorchte bis zur Eroberung durch die Kelten. Zwischen den versprengten Resten der Etrusker in den Thälern der Alpen und ihren mittelitalienischen Stammesgenossen bestand also ursprünglich auch ein geographischer Zusammenhang, der

---

[1] DÜMICHEN. Histor. Inschr. I. T. I—IV. Rev. Archéol. N. S. 16. 1867. p. 35 ff. 81 ff.
[2] CORSSEN. Etr. 1, 858. GENTHE. Ueber den Etruskischen Tauschhandel. S. 16.
[3] MÜLLER-DEECKE. Etr. I. 134. A. 33.
[4] CORSSEN. Etr. 2, 566. MÜLLER-DEECKE. Etr. L 155 A. 102. 157 A. 104.
[5] Dagegen scheinen mir die dortigen Gräber, deren Reste wir z. B. Rev. Archéol. N. S. 16. 1867. pl. 20—21 abgebildet finden, und namentlich die reichliche Verwendung eherner Schutzwaffen, viel eher für etruskische als für gallische Nationalität des bei Sesto Calende bestatteten Häuptlings zu sprechen.

1 *

erst später gewaltsam zerrissen wurde. Wo haben wir denn nun aber die Südgrenze dieses ursprünglich einheitlichen Etruriens zu suchen? Die Antwort ist scheinbar selbstverständlich: am Tiber. Der Fluss ist breit und reissend genug, um eine Völkergrenze zu sein, was er wunderbarer Weise sowohl im Alterthum, wie in der späteren Geschichte sehr selten gewesen ist. So weit wir im Alterthum die geschichtlichen Verhältnisse zurückverfolgen können, ist die Grenze zwischen Rom und Etrurien fast niemals mit dem Tiberufer zusammengefallen. Geschichtlich lässt sich keine Zeit nachweisen, in welcher das Janiculum nicht zum römischen Gebiete gehört hätte.[1] Es ist oft genug hervorgehoben,[2] dass die römischen Sacral-Alterthümer uraltes römisches Gebiet auf beiden Ufern des Stromes voraussetzen, so z. B. die *sacra uls et cis Tiberim* (VARRO d. l. l. 5, 83). Zu den ältesten transtiberinischen *sacra* gehörte ohne Frage der Cult der Dea Dia mit dem Heiligthum der Arvalbrüder, ungefähr 5 Millien von Rom am nördlichen Ufer; „und in der That," sagt MOMMSEN a. a. O., „ist seit unvordenklicher Zeit das Geschlecht der Romilier, wohl das vornehmste unter allen römischen, eben hier angesessen." Der Tiber wäre nicht die natürliche und wichtigste Handelsstrasse von Latium, wäre nicht der selbstverständliche Verbindungsweg zwischen Rom und seiner uralten Hafenstadt geworden, wenn beide Ufer in den Händen verschiedener, sich oft genug feindlich gegenüber stehender Völker gewesen wären.

Schon aus diesem Grunde ist es wahrscheinlich, dass in geschichtlicher Zeit auch ein ziemlich breiter Streifen Landes vom Janiculum bis zur Mündung nördlich vom Tiber zum *ager Romanus* gehört habe. Andererseits reichte aber auch die römische Nordgrenze ursprünglich sicher nicht bis an den Ciminischen Wald, denn die römische Ueberlieferung ist darin einstimmig, dass die Römer diese Naturgrenze erst verhältnissmässig spät erreichten. Eine natürliche Scheidelinie zwischen beiden Völkern war also dort überhaupt nicht vorhanden, die von den Etruskern respectirt werden musste, als sie ihr Land eroberten; und es scheint in der That als ob sie ihre Eroberungen sehr viel weiter nach Süden ausgedehnt hätten.

Ausser der mittel- und norditalienischen giebt es nämlich noch eine süditalienische Gruppe von etruskischen Inschriften in der Ebene Campaniens, die namentlich in der Umgegend von Nola Capua u. s. w. reich ist an Fundstätten etruskischer Inschriften. Hat nun auch

---

[1] Vgl. OTTO RICHTER. Die Befestigung des Janiculum, Berlin 1882. Progr. des Askan. Gymnas. Ostern 1882.

[2] MOMMSEN. R. G. I.[7] S. 45. JORDAN, R. Topogr. I. I. S. 290—91.

5

diese dritte Gruppe mit den beiden anderen einen geographischen Zusammenhang gehabt? Oder mit anderen Worten, sind die Etrusker zu Lande oder zur See nach Campanien vorgedrungen? Ueberliefert ist weder das Eine, noch das Andere; und wenn wir mit MOMMSEN, R. G. I. ⁷ S. 123 und MÜLLER-DEECKE, Etr. I. S. 169 ¹ annehmen, die Etrusker seien zu Schiff nach Campanien gekommen, so bleibt dies ebensowohl Hypothese wie die entgegengesetzte Annahme.

Auch bei den Etruskern in Toscana ist es bekanntlich zweifelhaft, ob sie zu Lande von den rhätischen Alpen oder zu Schiff von Kleinasien kamen; hier aber hat MOMMSEN sich für den Landweg ausgesprochen, weil die ältesten und bedeutendsten Städte der Etrusker im Binnenlande liegen. Statt der Hafenstädte, die wir erwarten müssten, finden wir Felsenburgen. Genau dasselbe Argument lässt sich aber auch auf das campanische Reich der Etrusker anwenden. Die Küste blieb in den Händen der Hellenen. Die bedeutenderen Hafenorte Kyme, Dicaearchia, Neapolis u. s. w. waren hellenische Kolonien und haben nur vorübergehend ² oder gar nicht den Etruskern gehorcht; und die unbedeutenderen Surrentum, Marcina etc. konnten höchstens als Nothhäfen etruskischer Seeräuber gelten; schon wegen ihrer geographischen Lage können wir uns diese Häfen nicht als Ausgangspunkt der Etrusker bei einer Colonisation des Binnenlandes denken. Die Hauptorte derselben lagen vielmehr im Innern, so Capua, Nola, Nuceria, wo noch heute etruskische Inschriften und Vasen, einer allerdings verhältnissmässig späten Zeit, gefunden werden.

Es ist daher schon aus diesem Grunde wahrscheinlich, dass die Etrusker zu Lande nach Campanien vordrangen, und also zuvor auch das ganze Gebiet zwischen Etrurien und Campanien erobert hatten. Dann erst kann man in Wahrheit sagen, dass das tyrrhenische Meer überall auch eine tyrrhenische Küste bespült habe. LIVIUS 5, 33 sagt allerdings bloss im Allgemeinen *Tuscorum ante Romanum imperium late terra marique res patuere.* SERVIUS zu Verg. Aen. 10, 145. 11, 567 dagegen behauptet, indem er sich auf die Auctorität von CATO's Origines beruft, sie hätten fast ganz Italien (*omnem paene Italiam*) unterjocht. Noch spezieller aber sind die Angaben des DIONYS v. HALIKARNASS,³ es habe eine Zeit gegeben, in der die Latiner, Umbrer und Aurunker von den Hellenen Tyrrhener genannt sein;

¹ Vgl. dagegen hierzu die Anmerkung DEECKE's 36.
² So z. B. Dicaearchia nach Pausan. 4, 35, 12; 8, 7, 3.
³ Dion. hal. 1, 29. ἥν γὰρ δὴ χρόνος ὅτε καὶ Λατῖνοι καὶ Ὀμβρικοὶ καὶ Αὔσονες καὶ συχνοὶ ἄλλοι, Τυρρηνοὶ ὑφ' Ἑλλήνων ἐλέγοντο — — τήν τε Ῥώμην αὐτὴν πολλοὶ τῶν συγγραφέων Τυρρηνίδα πόλιν εἶναι ὑπέλαβον.

und manche Schriftsteller hielten Rom selbst für eine tyrrhenische Stadt. Diese Stelle ist gerade deshalb für uns besonders wichtig, weil sie sich ausdrücklich auf jene Lücke zwischen Etrurien und Campanien bezieht, in der bis jetzt weder etruskische Inschriften gefunden sind, noch auch etruskische Vasen wie sie nördlich in Vulci und südlich in Nola so häufig vorkommen.

Dagegen haben die Etrusker in diesem Lande zwischen Tiber und Liris andere Spuren ihres Daseins hinterlassen, die bis jetzt nur wenig beachtet sind, nämlich in den geographischen Namen.

Am längsten haftet nämlich die Sprache der früheren Beherrscher und Bewohner eines Landes an den geographischen Namen. Aehnlich wie wir in heute rein deutschen Gebieten keltische, slavische, oder dänische Namen, wenn auch verstümmelt wieder finden, ähnlich wie wir an der Westküste der Vereinigten Staaten sogar drei verschiedene Schichten von indianischen, spanischen und englischen Namen übereinander finden, so giebt es auch in dem Lande zwischen Tiber und Liris drei verschiedene Schichten: 1. die geographischen Namen der ältesten indogermanischen Bevölkerung, welche die Etrusker an der ganzen italischen Westküste vorfanden und unterwarfen; 2. die Namen der etruskischen Städtegründungen; 3. die indogermanischen Namen aus der Zeit nach der Befreiung von der etruskischen Herrschaft.

Auswanderer lieben es, ihre neue Heimath nach der alten zu benennen; wir finden daher bei den eigentlichen Italikern sowohl wie bei den Etruskern eine Reihe von Namen aus den nördlichen Gegenden in den südlichen wiederholt, was natürlich bei der eigenthümlichen Gestalt der nur im Norden mit dem Festlande zusammenhängenden Halbinsel zunächst auf eine Einwanderung von Norden her schliessen lässt. Eine Reihe von derartigen Namensdoubletten muss natürlich ausgeschieden werden, weil sie, obwohl an etruskischem Gebiet haftend, dennoch für die Etrusker nichts beweisen können, da entweder ihre indogermanische Etymologie oder doch ihre Zugehörigkeit zu einem indogermanischen Volke deutlich hervortritt, so z. B. das mehrmals wiederholte Interamna (-ium) bei den Umbrern, Volskern, Picentinern, Frentanern; Cameria in Latium und Camerinum in Umbrien in Verbindung mit dem umbrischen Stamme der Camertes u. s. w.

Aber wenn wir von diesen Namen der indogermanischen Bevölkerung absehen, so bleiben noch Namen genug übrig, die auf die Etrusker bezogen werden müssen und wenigstens theilweise schon bezogen sind. Schon O. MÜLLER hat auf gleiche Namen der nörd-

lichen und campanischen Etrusker hingewiesen.¹ „Auf Falerii deutet
der Name Falernums. Das Stellatinische Gefild bei Capua hatte von
dem gleichnamigen bei Capena seinen Namen erhalten."²

Leider hat O. MÜLLER seine Beobachtungen nicht ausgedehnt
auf das Land zwischen Tiber und Liris, das ebenfalls noch sehr
deutlich Spuren der früheren etruskischen Herrschaft zeigt.

Um also im Norden zu beginnen, so behauptet LIVIUS, dass
Fidenae etruskisch gewesen sei: LIV. I. 15. *nam Fidenates quoque
Etrusci fuerunt;* was mit der Nachricht, dass die Stadt von Alba
aus gegründet sei,³ durchaus nicht in Widerspruch steht; ihre Lage
hart an der Grenze des eigentlichen Etruriens und ihre Hinneigung
zu Veji, der alten Nebenbuhlerin Roms, lassen die Angabe des LI-
VIUS sehr glaublich erscheinen.

In Praeneste muss der Einfluss der Etrusker sehr gross gewesen sein, namentlich auf dem Gebiete der Kunst. Die praenestinischen Spiegel und Cisten zeigen die etruskische Bronzetechnik⁴
und wenigstens ein Theil derselben ausschliesslich etruskische Namensformen in etruskischen Charakteren.⁵ CORSSEN (Etr. 2, 566)
sagt: „die Funde von Bronzespiegeln haben zu dem Schlusse geführt, dass dort einst etruskische Bronzearbeiter ihre Werkstätte
hatten, zumal am Praenestinischen Dialekt der Einfluss der etruskischen Sprache auf das Lateinische deutlich erkennbar ist, und die
dortige Fabrikation von Bronzespiegeln sich von der etruskischen
abgezweigt hat."⁶

Dass Tusculum bereits im SO. von Rom im Albaner Gebirge
gelegen eine tuskische Ansiedelung war, beweist schon der Name
allein, über dessen Etymologie wir kein Wort zu verlieren brauchen,
obwohl PAULUS diac.⁷ ihn von δύσκολον herleitete; ein zweites Tusculum lag am Gardasee (C. J. L. V, 27. 5036). Auch der Name Tuscania im eigentlichen Etrurien scheint analog gebildet zu sein. Trotz

---

¹ Etr. I. S. 169—70.

² „Festus e cod. Farn. 343. b. 28 M. Stellati [na tribus dicta non a campo] eo, qui in
Campania est, sed eo qui [prope abest ab urbe Ca] pena. ex quo Tusci profecti Si[ella-
tinum illum campum appellaverunt. Der Fluss Clanis unfern Capua hat von Clanis
bei Clusium den Namen." — Ihm folgt ABEKEN, Mittelitalien S. 102. A. 4. Andere Beispiele bei DENNIS, Etrurien, deutsch von MEISSNER, S. 552. A. 38.

³ Vgl. MÜLLER-DEECKE. Etr. I. S. 106.

⁴ Vgl. CORSSEN. Etr. I. S. 347.

⁵ Vgl. FABRETTI C. J. J. 2726 ff.

⁶ R. SCHOENE. Le ciste prenestine, Annali d. Inst. 1866. p. 150ff. cf. 1866. p. 357ff.
(Conestabile).

⁷ FESTUS p. 354 ed. M.

des unzweifelhaft etruskischen Ursprunges sind in Tusculum ebenso
wenig wie in Rom etruskische Inschriften gefunden.[1]
Nicht weit von Tusculum liegt Velitrae ebenfalls im Albaner-
gebirg. Der latinisirten Namensform entspricht die etruskische Velathri, die aber nicht auf den Münzen von Velitrae, sondern auf
dem *Aes grave* von Volaterrae in Etrurien vorkommt.[2] Wenn wir
also im Norden des eigentlichen Etruriens eine Stadt Velathri finden
und in Latium Velitrae, nahe bei Tusculum, so bleibt kaum noch
ein Zweifel,[3] dass beide Namen ursprünglich identisch waren, und
das latinische Velitrae treuer, als das falsch etymologisirte Volaterrae
den etruskischen Namen bewahrt hat; in der That sind beide Städte
mehr als einmal verwechselt. Bereits DENNIS (Etr. S. 456) hat die
Identität der Namen und ihren etruskischen Ursprung erkannt und
darauf hingewiesen, „dass die Sylbe Vel oder Vul eine häufige An-
fangssylbe ·etrukischer Namen ist: Velsina, Vulsinii, Vulci, Velim-
nas etc." Die weitere Etymologie des letzten Theiles -athri, die
DENNIS daran anschliesst, können wir füglich auf sich beruhen lassen.
Es genügt uns festzuhalten, dass Velitrae ursprünglich eine etruskische
Stadt war. Auch die spärlichen Reste einheimischer Kunst weisen
uns gleichfalls dieses Weges. HELBIG[4] sagt darüber: *I relievi di
Velletri — — stanno chiaramente sotto l'influenza etrusca o piuttosto,
rappresentando essi delle abitudini e costumi etruschi, sono propria-
mente prodotti dell' arte etrusca.*
Antium lässt auch MOMMSEN, R. G. I.[7] 140 ebenso wie Surrentum als etruskische Stadt gelten. Zwischen Velitrae und der
Küste lag die alte Stadt Tellenae, die schon von Ancus Marcius
erobert sein soll; der Name mit seiner charakteristischen Endung
klingt vielleicht etruskisch, kann aber, da ein etruskisches Gegenstück
bis jetzt wenigstens nicht bekannt ist, natürlich erst verwerthet
werden, wenn sich sonst hinreichend Spuren der Etrusker haben
nachweisen lassen.
Auch die latinische Stadt Cora mit ihren gewaltigen Ruinen
von Mauern und Terrassen entspricht selbst dem Namen nach der
etrurischen Küstenstadt Cosa, ebenfalls berühmt durch gewaltige
Reste kyklopischer Mauern. Der Uebergang von r zu s macht
durchaus keine Schwierigkeit, ebenso wird aus *lases, lares;* Falerii
zwischen dem Tiber und dem Ciminischen Walde hat ein Seitenstück
in Falesia, einer Küstenstadt gegenüber der Insel Elba.

[1] FABRETTI C. J. J. 2718 ff.
[2] CORSSEN. Etr. I. 863.
[3] SCHOEMANN de Tullo Hostilio p. 7. n. 18.
[4] Annali d. Inst. 1865. p. 263.

--- 9

Dass die Rutuler nach dem Zeugniss des CATO (frgm. 11—12 ed. P.), dem etruskischen Fürsten MEZENTIUS unterworfen waren, bezeugt MACROBIUS, Sat. 3, 5, 10. Auch Privernum gehorchte den Etruskern nach der ausdrücklichen Angabe des CATO in orig. frgm. 62 (ed. P.) *Licet [Metabus] Priuernas esset, tamen, quia in Tuscorum iure paene omnis Italia fuerat, generaliter in Metabum omnium odia ferebantur.*[1] Dann folgt das Zeugniss desselben CATO, das ganze Volskerland sei etruskisch gewesen. SERVIUS z. Aen. 11, 567. *Gente Volscorum quae etiam ipsa Etruscorum potestate regebatur, quod Cato plenissime exsecutus est.* Wenn irgend Jemand ein competenter Richter in diesen Fragen gewesen, dann war es der Verfasser der Origines; sein Zeugniss wiegt daher sehr schwer und besagt nicht nur, dass die Volsker zur Clientel der Etrusker gehörten und ihnen erlaubten, die Kiele ihrer Galeeren aus ihren Wäldern zu beziehen, sondern dass sie den Etruskern wirklich unterworfen waren.

Eine ihrer wichtigsten Städte war Tarracina,[2] dessen Name wahrscheinlich nur eine Umbildung von Tarquinii ist. Die etruskische Namensform ist *Tarcna*, die römische *Tarquinii*, beide leitet CORSSEN, Etr. I. 415 von der supponirten Form *Tark-i-na* ab, auf die wir weiter unten noch zurückkommen. Es giebt einen etruskischen Namen *marchnas* und *marcna(s)* (FABRETTI, Gloss. p. 1120), der wahrscheinlich in der Benennung der campanischen Stadt Marcina[3] wiederkehrt; in ähnlicher Weise entsprechen sich auch *tarchnas tarcna(s)* und *tarcina*, woraus sich dann mit voller Vocalisirung der gebräuchliche Name Tarracina entwickelt. Den Volskern, die später nach dem Sturze der etruskischen Macht Stadt und Umgegend beherrschten, war der etruskische Name fremd: Tarracina nannten sie Anxur nach PLINIUS n. h. 3, 5, 9 *dein flumen Aufentum, supra quod Tarracina oppidum lingua Volscorum Anxur dictum.* Man sieht also, dass die Römer, als sie Herren des Volskerlandes geworden, fortfuhren, die Stadt mit ihrem etruskischen Namen zu bezeichnen. — Nicht weit von Tarracina lag das Circaeische Aea, das der Scholiast zur Odyssee ι, 32, natürlich älteren Quellen folgend, eine tyrrhenische Stadt nennt.

[1] SERVIUS 7, 685.
[2] SCHOEMANN, de Tullo Hostilio, Greifsw. 1847 p. 24: Altera autem eius radicis forma quae A vocalem habet, primum in urbium quarundam nominibus comparet, Tarracina in Volscis, quorum agrum olim a Tyrrhenis possessum esse constat, et Tarracone in Hispania: nam Tyrrhenos, quum maritimis opibus pollerent, etiam in Hispaniam colonias deduxisse pro certo affirmari potest, testaturque DIODORUS V. 20. eos Gadibus quoque potituros fuisse, nisi Carthaginienses obstitissent.
[3] O. MÜLLER-DEECKE. Etr. I. S. 163. A. 13.

Die Vermuthung, dass Tarracina und Tarquinii identische Namen sind, wird noch durch die Beobachtung unterstützt, dass auch andere südetrurische Städtenamen sich im Volskerlande wiederholen, was die Vermuthung nahe legt, dass das Gebiet der Volsker vom südlichen Etrurien aus erobert wurde, und da hierbei natürlich nur an einen Landkrieg gedacht werden kann, so ergiebt sich eigentlich von selbst, dass auch das zwischenliegende Land und speciell Rom den südetruskischen Städten unterworfen war. Diese Städtenamen, ausser. Tarquinii, welche sowohl im südlichen Etrurien als im Volskerlande sich wiederholen, sind folgende:

2. Artena, von LIVIUS 4, 61 erwähnt, wo er die Zerstörung der Stadt durch die Römer kurz vor der Einnahme von Veji erzählt. LIVIUS meint, die Römer hätten damals die Stadt der Volsker zerstört, erwähnt 4, 61, 10—11 aber doch auch die entgegengesetzte Ansicht: *sunt qui Artenam Veientium, non Volscorum fuisse credant, praebet errorem quod eiusdem nominis urbs inter Caere atque Veios fuit; sed eam reges Romani delevere, Caeretumque non Veientium fuerat. altera haec nomine eodem in Volsco agro fuit, cuius excidium est dictum.* Die Wahrscheinlichkeit spricht entschieden dafür, dass LIVIUS Unrecht hat, dass die Römer damals, als sie sich bereits zum Entscheidungskampf mit Veji rüsteten, mit der etruskischen, nicht mit der volskischen Stadt in Krieg geriethen. Doch diese Streitfrage kommt für uns hier nicht weiter in Betracht. Die Zweifel des LIVIUS haben für uns wenigstens das Gute, dass wir von der Existenz eines etruskischen Artena erfahren, das ohne Frage das ältere von beiden gewesen ist; denn, selbst wenn wir von der gleich zu erwähnenden Endung -*ena* absehen, so gab es noch in historischer Zeit ein etruskisches Geschlecht dieses Namens; auf einer perusinischen Aschenkiste FABRETTI C. J. J. 1615 liest man: *lar cafate artinal*,[1] was FABRETTI, Gloss. p. 180 übersetzt: *Lars Cafatius Arteniā natus.*

3. Weiter landeinwärts im Gebirge lag Alt- und Neu-Fregellae, wohl ursprünglich Fregenulae als Deminutivform des Namens der südetrurischen Stadt Fregenae zwischen Caere und der römischen Grenze. Auch hier wiederholt sich die pluralische Bildung des Stadtnamens und die Endung -*enae*. Wir können allerdings nicht die Endungen -*ena*, -*enna*, -*erna*, -*inna* als untrügliches Kennzeichen etruskischen Ursprunges gelten lassen, da diese Formen auch im Lateinischen, Umbrischen etc. vorkommen;[2] allein da diese Völker

[1] Vgl. auch a. a. O. 1614.
[2] Vgl. CORSSEN, Etr. 2, 142. JORDAN, R. Topogr. I. 1, 271. A. 35.

unter etruskischer Herrschaft standen, so verdient es doch noch eine
genauere Untersuchung, ob diese Endung nicht auch in lateinischen
und umbrischen Namen etruskischen Ursprunges ist.
4. Vielleicht gehört auch noch die Bezeichnung des lucus Fe-
rentinus und der aqua Ferentina ' hierher und ist in Verbindung
zu bringen mit dem Ferentinum nördlich vom Ciminischen Walde
und der gleichnamigen Stadt im Hernikerlande, obwohl die Möglichkeit hier nicht ausgeschlossen ist, dass der Name nicht den Etruskern, sondern der altitalischen Bevölkerung zuzuweisen ist.
Für Suessa im Lande der Aurunker haben wir ein ausdrück-
liches Zeugniss beim STEPHANUS von Byzanz s. v. Σύεσσα, πόλις Τυρ-
ρηνῶν, τὸ ἐθνικὸν Συεσσηνός.
Damit haben wir bereits den Liris, die Südgrenze des fraglichen
Gebietes und somit den Anschluss an das unzweifelhaft etruskische
Campanien erreicht, wo ein etruskischer Bund von zwölf Städten existirt haben soll,² ohne dass es bis jetzt menschlichem Scharfsinn ge-
lungen, diese zwölf Städte ausfindig zu machen. Auch bei dem nördlichen Zwölfstädtebund im eigentlichen Etrurien können wir nicht
alle Mitglieder herzählen, allein wir kennen doch wenigstens etruskische Städte genug, um vermuthungsweise uns die Zwölfzahl zu ergänzen, während wir bei dem Städtebunde in Campanien nicht einmal zwölf etruskische Städtenamen zusammenstellen können, an die
man eventuell denken könnte. Die Schwierigkeit löst sich aber von
selbst, wenn wir annehmen, dass dieser Städtebund das ganze Land
der Etrusker südlich vom Tiber umfasste, und also Rom, Praeneste,
Tarracina, Antium u. s. w. Mitglieder dieses Bundes waren, dessen
Existenz eine Ausdehnung der etruskischen Macht nach Süden voraussetzt, die nur eine geringe Dauer gehabt haben kann.
Es sind also mannigfache Spuren vorhanden, dass eine wirkliche
Lücke zwischen dem campanischen und toskanischen Etrurien nicht
vorhanden war und dass Etrurien nordwärts ebenso wie südwärts
eine viel grössere Ausdehnung hatte. Es begann hoch oben im
Norden von Italien, wo es die ganze Breite der Halbinsel einnahm,
während es nach SW. sich immer zuspitzte und südlich vom Tiber
wohl nur noch die westliche Abdachung Italiens umfasste. Dieser
stolze Bau, der vom Brenner hinüberreichte bis zum Vesuv, war
aber nicht allenthalben gleich dauerhaft gefügt. Von dem nördlichen
Theile blieb kein Stein auf dem andern, und mühsam müssen wir uns

---

¹ LIVIUS 1, 50—52.
² Vgl. STRABO p. 242 διὰ γὰρ τὴν ἀρετὴν περιμάχητον γενέσθαι τὸ πεδίον. δώ-
δεκα δὲ πόλεις ἐγκατοικίσαντες τὴν οἷον κεφαλὴν ὀνομάσαι Καπύην. MÜLLER-DEECKE,
Etr. I S. 162.

in den Thälern der Alpen und ihrer Ausläufer die spärlichen Reste der Fundamente zusammensuchen. Der Mittelbau hielt sich am längsten; ihn verband ein allzu kühn gespanntes Gewölbe mit dem südlichen Theil. Dieses Gewölbe brach wahrscheinlich schon bald nach seiner Vollendung; aber im Süden, am Fusse des Vesuv's, blieb wenigstens noch ein einsamer Pfeiler stehen, den kommenden Geschlechtern ein stummer Zeuge von der vergangenen Herrlichkeit des etruskischen Volkes.

Wenn also das ganze Latiner- und Volskerland einmal etruskisch war, dann braucht es speciell für eine einzelne Stadt nicht mehr nachgewiesen zu werden. Jedoch bei der hervorragenden Stellung Roms und dem reicheren Material, das uns hier zu Gebote steht, sei wenigstens auf einige Punkte kurz hingewiesen, an denen man die Spuren der Etrusker auf römischem Boden geglaubt hat nachweisen zu können. Diejenigen Göttergestalten, die wir im Gegensatze zu den hellenischen als die eigentlich römischen anzusehen pflegen, sind etruskisch, wie z. B. die capitolinische Göttertrias[1] nach SERVIUS, Verg. Aen. 1, 422, *Quoniam prudentes Etruscae disciplinae aiunt, apud conditores Etruscarum urbium non putatas iustas urbes fuisse, in quibus non tres portae essent dedicatae et votivae et tot templa Jovis, Junonis, Minervae.* Ihr Tempel auf dem Capitol ist von einer etruskischen Dynastie und von etruskischen Bauleuten erbaut. Selbst der eigenthümliche Name Minerva ist etruskisch Men[e]rva,[2] und auch der doppelköpfige Janus ist nicht in Rom erfunden.[3]

Die Haruspicin- und Auguraldisciplin ebenso, wie verschiedene Arten der Kunst und die eigenthümliche Eintheilung von Raum und Zeit, die Limitation und das Kalenderwesen mit den Iden, Nonen u. s. w.[4] und wahrscheinlich auch die Zahlzeichen[5] haben ihre Ausbildung in Etrurien erhalten, wohin noch in späterer Zeit vornehme Römer ihre Söhne schickten, um sie in die Geheimnisse dieser Künste einweihen zu lassen, nach LIVIUS 9. 36, 3. *habeo auctores vulgo tum* (d. h. im Jahre 308 v. Chr.) *Romanos pueros, sicut nunc Graecis, ita Etruscis litteris erudiri solitos.* Die Insignien der höchsten Macht, erst der Könige, dann der Consuln und Triumphatoren sind den etruskischen nachgebildet. Auch in einer ganzen Reihe von technischen Fragen[6]

---

[1] MÜLLER-DEECKE. Etr. 2, 43.
[2] Auf etrusk. Silber- und Kupfermünzen b. MÜLLER-DEECKE. Etr. 2, 50 A. 33 b.
[3] MÜLLER-DEECKE. Etr. 2, 58. u. 1, 400 (Münzen). Vgl. dagegen PRELLER-JORDAN, R. Mythol. I. 166 A. 2.
[4] MÜLLER-DEECKE. Etr. 2, 301—2.
[5] MÜLLER-DEECKE. Etr. 2, 532—4.
[6] Belegstellen für den etr. Einfluss bei FABRETTI, Gloss. 412—19.

bei der Bearbeitung der Metalle, im Geldwesen,[1] in der Schiffahrt und Architectur sind die Etrusker Lehrmeister der Römer gewesen. Diese Thatsachen, die namentlich durch OTTFRIED MÜLLER bereits ihre richtige Würdigung gefunden haben, werden dadurch nicht beseitigt, dass man sie heutzutage ignorirt, oder geradezu auf den Kopf stellt. Die Beweiskraft der einzelnen Punkte, die wir hier nicht näher zu untersuchen haben, ist allerdings verschieden; aber in der ganzen älteren Geschichte der italischen Völker giebt es wenig Thatsachen, die in ihrer Gesammtheit so gut beglaubigt sind und doch so wenig geglaubt werden, wie dieser Einfluss der Etrusker auf die Entwickelung der Römer. Um denselben leugnen zu können, liebt man es, die beiden Völkern gemeinsamen Institutionen altitalisch oder indogermanisch zu nennen. Diese Ausrede hätte aber doch nur dann einen Sinn, wenn man CORSSEN's Hypothese von der indogermanischen Herkunft der Etrusker als bewiesen voraussetzen könnte, was bekanntlich durchaus nicht der Fall ist.[2]

Die Etrusker herrschten allerdings über viele italische Stämme; dass aber das Herrenvolk von seinen Hörigen den Cult der Götter, die Insignien des Königthumes und so mancherlei Anderes angenommen habe, was bereits eine hochentwickelte Cultur voraussetzt, ist ebenso unwahrscheinlich, als wenn man die Heloten zu Lehrmeistern der Spartaner machen wollte. Es bleibt daher kaum etwas Anderes übrig, als zurückzukehren zu der Anschauung der antiken Historiker, dass die Römer diese Institutionen direct von den Etruskern entlehnt haben. — Doch auch die Römische Topographie bietet uns Anhaltspunkte. JORDAN, der in seiner R. Topographie I. 1. 273 den etruskischen Einfluss möglichst beschränken möchte, behandelt auch die etruskische Ansiedelung erst auf dem Mons Caelius, und später in dem Vicus Tuscus; ohne den geringsten Grund vertreibt er die Caelianischen Söldner, um statt ihrer friedliche Bauleute der Etrusker dort wohnen zu lassen; eine Annahme, auf die wir später noch einmal zurückkommen müssen.

Noch wichtiger sind aber die Bauten des königlichen Roms, welche direct etruskisch genannt werden können und zwar zunächst der capitolinische Tempel.

Dass der Cultus der capitolinischen Trias ursprünglich etruskisch war, ist allerdings geleugnet von Denen, die principiell am liebsten

---

[1] Vgl. LEPSIUS, Ueber die Tyrrhenischen Pelasger S. 47: Ueber die Verbreitung des italischen Münzsystemes von Etrurien aus.

[2] Wenn hier gelegentlich die Etrusker der indogermanischen Bevölkerung Italiens entgegengesetzt werden, so brauche ich wohl kaum hinzuzufügen, dass dieser Ausdruck nur der Kürze wegen gewählt ist.

jeden Einfluss der Etrusker auf Rom in Abrede stellen möchten. Allein durch die blosse Negation wird das ausdrückliche Zeugniss des Gegentheils nicht widerlegt, so z. B. SERV. z. Aen. 1, 422. (s. o. S. 12). Dies positive Zeugniss hat SCHWEGLER R. G. 1, 697 durch den Hinweis entkräften wollen, dass auch das Capitolium vetus auf dem Quirinal ein Heiligthum derselben Göttertrias hatte nach VARRO d. l. l. 5, 158 *clivus proxumus a Flora susus versus Capitolium vetus, quod ibi sacellum Jovis Junonis Minervae; et id antiquius, quam aedis quae in Capitolio facta.* VARRO widerspricht hier dem Scholiasten zum Vergil durchaus nicht, und noch viel weniger dürften wir mit SCHWEGLER[1] aus der letzten Stelle folgern, dass jene Göttertrias ursprünglich sabinisch sei; sie beweist nur, dass auch die Bewohner des Quirinalischen Hügels ebenfalls unter etruskischem Einflusse standen.

Wenn aber sogar der Cultus etruskisch war, so brauchen wir kein Wort zu verlieren über den Tempel, den etruskische Bauleute bauten; es genügt, auf JORDAN zu verweisen, dem Niemand grosse Vorliebe für die Etrusker vorwerfen kann; er fasst sein Urtheil[2] dahin zusammen: „Der kapitolinische Tempel ist unzweifelhaft etruskischen Ursprunges: das etruskische Schema, der Stil, die ursprüngliche Ausschmückung beweisen es.“

Die Cloaca maxima muss mit der Anlage des Forum Romanum mindestens gleichzeitig sein, weil sie erst den Boden desselben trocken legte. Beide werden in der Tradition einstimmig auf die Tarquinier zurückgeführt; auch JORDAN R. Topogr. I. 1, 276 weist die Cloaca maxima nicht der republikanischen Zeit zu. „Aber dass die Tarquinier sie gebaut haben, lässt sich weder beweisen noch widerlegen.“ Dagegen ist nur zu sagen, dass eine so einstimmig überlieferte Thatsache doch zunächst einmal widerlegt werden müsste, ehe man sich zur Vertheidigung anschicken könnte. Wer jenen Bau der Königszeit zuweist, der kann nur an den Schluss dieser Periode denken, auf den wir durch die hohe technische Vollendung geführt werden. Auch JORDAN a. a. O. sieht in der Anwendung des Bogens einen Wahrscheinlichkeitsgrund für die Ausführung durch südetrurische Bauleute.

Auch die Stadtmauer wird einstimmig der letzten, d. h. etruskischen Dynastie zugeschrieben und fast einstimmig dem SERVIUS TULLIUS. Um die Nationalität ihrer Erbauer festzustellen, hat man die Ruinen der Serviusmauer neuerdings eifrig durchforscht mit Rücksicht auf die noch vorhandenen Steinmetzzeichen. P. BRUZZA ver-

---

[1] R. G. I, 697.
[2] R. Topogr. I. 1. 273.

öffentlichte seine Sammlung in den Ann. d. Inst. 1876, p. 72 ff. und glaubte in diesen Zeichen etruskische Buchstaben wiederzuerkennen, was JORDAN, R. Topogr. I. 1. 259, Taf. I. II. sehr energisch bestreitet, insofern mit vollem Rechte, als diese Zeichen keine wirklichen Buchstaben sind, obwohl sie die Kenntniss des Alphabetes voraussetzen; ob aber des etruskischen oder des lateinischen, das lässt sich mit Sicherheit nicht behaupten. Viel wichtiger ist aber, dass die Technik und die Maasse der servianischen Mauer mit denen der südetrurischen Städte übereinstimmen nach JORDAN, R. Topogr. I, 1, 251: „Das Höhenmaass ist dasselbe an den Tufblöcken der älteren palatinischen Ringmauer, fast dasselbe an den Mauern südetrurischer Städte, wie Tarquinii, Nepi, Sutri."

Eine derartige Uebereinstimmung würde unter anderen Verhältnissen allerdings nur auf einen Zusammenhang mit der etruskischen Kunst schliessen lassen. Wenn es aber feststeht, dass Latium einmal zu Etrurien gehörte, wenn die Dynastie, welche jenen Riesenbau aufführte, wirklich eine etruskische war, dann gewinnt diese Uebereinstimmung in Bezug auf die Technik und Maasse eine viel weiter gehende Bedeutung, zumal da diese Thatsache durchaus nicht vereinzelt steht. Denn die Etrusker sind in erster Linie Städtebauer und nach DIONYS V. HA-LIK. I, 26 benannt ἀπὸ τῶν ἐρυμάτων, ἃ πρῶτοι τῶν τῇδε οἰκούντων κατε-κεύασατο — — Τύρσεις γὰρ καὶ παρὰ Τυῤῥηνοῖς αἱ ἐντείχιοι καὶ στεγαναὶ οἰκήσεις ὀνομάζονται ὥσπερ παρ' "Ελλησιν. Und dem entsprechend TZETZES zum LYCOPHR. 717 τύρσις τὸ τεῖχος, ὅτι Τυρσηνοὶ πρῶτον ἐφεύρον τὴν τειχοποιίαν. Mag diese Erklärung des Namens nun falsch oder richtig sein, so zeigt sie doch, dass man im Alterthum den Namen der Etrusker mit jenen Mauern in Verbindung brachte. In dem Gebiete zwischen Tiber und Liris bis hinein ins Bergland der Samniten¹ giebt es noch eine Reihe von Städten, deren riesige Festungsmauern wenigstens theilweise den Jahrtausenden getrotzt haben. Proben alt-italischer Städtemauern behandelt DODWELL, Views and description of cyclopian or pelasgian remains in Greece and Italy, nämlich von Norba, Signia, Cora, Alatrium, Ferentinum, Circeji, Terracina, Praeneste, Setium, Umgegend von Tusculum, Cortona.²

Wenn wir nun von denjenigen Ruinen absehen, die während der Römischen Herrschaft erbaut sind, so bleibt doch immer noch

---

¹ Auch das oskische Alphabet zeigt so grosse Verwandtschaft und vielleicht sogar Abhängigkeit von dem etruskischen, dass wahrscheinlich auch die westlichen Stämme der Samniten von der campanischen Grenze bis Bovianum eine Zeit lang den Etruskern gehorchten.

² Vgl. W. GELL, Probestücke von Städtemauern.

die Thatsache bestehen, dass wir im Latiner- und Volskerlande
Städtemauern finden, die nicht nur auf der östlichen Abdachung der
Abruzzen fehlen, sondern auch in den Terremare Oberitaliens, die,
wie HELBIG ¹ sehr wahrscheinlich gemacht hat, als die ersten Wohn-
plätze der Indogermanen nach ihrer Ankunft in Italien anzusehen
sind. Es scheint daher, dass die Italiker am Ende ihrer Wanderung,
ehe sich fremdartige Einflüsse geltend machten, nur durch „hölzerne
Mauern" gegen feindliche Angriffe sich zu schützen verstanden.
Dass die Dörfer der Italiker in der Poebene keine steinernen
Mauern hatten, ist selbstverständlich, aber selbst am Nordabhange
des Apennin in der Linie von Piacenza nach Modena, wo die Terremare am dichtesten neben einander liegen, fehlt jede Spur von steinernen Mauern, und in den abgeschlossenen Thälern der Abruzzen
mögen die Gebirgscantone am längsten die alte Sitte bewahrt haben,
während die Italiker der Westküste, die unter etruskischer Herrschaft
standen, jene Mauern bauten, theils zum eigenen Schutz, theils als
Zwingburgen ihrer Herren. Diese riesigen Bauten, die nach NIEBUHR
nur in den ägyptischen ihr Gegenstück finden, haben einen Herrscher
oder eine herrschende Kaste zur Voraussetzung, deren gewaltiger
Wille die frohndenden Bauern zu dieser Arbeit heranzog.

Dieses Verhältniss zwischen den etruskischen Herren und den
einheimischen Unterworfenen hätte vielleicht, so unnatürlich es auch
war, noch viel länger bestehen können, als es bestanden hat, wenn
das Verhältniss ungefähr so gewesen wäre, wie zwischen den Spar-
tanern und Heloten, d. h., wenn die Etrusker eine spartanische Strenge
nicht nur gegen ihre Unterthanen, sondern zunächst auch gegen sich
selbst angewendet hätten. Aber gerade in dieser Beziehung liessen
sie es am meisten fehlen; sie versanken in Ueppigkeit und Schwel-
gerei und verloren dadurch die Möglichkeit, die unterworfene Bevölkerung im Zaume zu halten.

Da die Centralisation im Etruskerreich immer nur eine sehr geringe gewesen sein kann, so fehlte natürlich die Kraft, die wider-
strebenden Elemente zusammenzuhalten; und das schleichende Gift
der Auflösung konnte, so wie es einmal an die Oberfläche getreten,
ohne Widerstand den ganzen Organismus zerfressen und zersetzen.
Wir können allerdings nur für das eigentliche Etrurien nördlich vom
Tiber diesen Zersetzungsprocess mit Hülfe der römischen Historiker
in seinen einzelnen Phasen ziemlich genau verfolgen. Zu diesen
Symptomen der Krankheit in ihren letzten Stadien gehört z. B. die
Vertreibung der Cilnier aus Arretium, das Regiment der Sclaven,

---

¹ Die Italiker in der Poebene. Leipzig 1879.

(d. h. der Hörigen) in Vulsinii, und die massenhaften Ueberläufer, welche die Römer in dem Entscheidungskriege gegen Veji unterstützten.

Alle diese Erscheinungen, so verschieden sie auch unter einander sind, zeigen, wie gross die Kluft war zwischen dem etruskischen Herrenvolk und den einheimischen (indogermanischen) Stämmen; zeigen zugleich aber auch die grossen socialen Missverhältnisse, an denen das damals schon stark verkleinerte aristocratische Etrurien krankte. Wir können mit Sicherheit voraussetzen, dass diese inneren Schäden in dem ganzen Reiche und speciell in den Gegenden südlich vom Tiber dieselben gewesen sein müssen; obwohl diese Vorgänge in der vorhergehenden Periode sich natürlich viel schwerer verfolgen lassen. Allein in demjenigen Theil der Geschichte, den wir übersehen, treten einige durchgehende Linien so stark hervor, dass wir sie uns auch nach der anderen Seite hin für den Theil des Bildes mit ziemlicher Sicherheit fortsetzen können, der sich unseren Blicken entzieht. Wenn also die Landschaft südlich vom Tiber in gleicher Weise einen Theil Etruriens bildete wie der nördliche noch lange Zeit nach der Vertreibung der römischen Könige, so dürfen wir voraus setzen, dass die Verhältnisse hier ähnlich, das Missverhältniss zwischen beiden Racen aber dasselbe war. Der Auflösungsprocess der späteren Zeit und nördlich vom Tiber kann uns also das beste Bild geben für die entsprechenden Vorgänge die sich am südlichen Ufer nicht lange Zeit vorher müssen abgespielt haben.

Numerisch scheinen die eigentlichen Etrusker, wenigstens im Vergleich zu den Ländern, die sie unterworfen haben, niemals sehr stark gewesen zu sein und gegen die umgebende indogermanische Bevölkerung nur einen kleinen Bruchtheil gebildet zu haben. Selbst da, wo es nicht zu einer förmlichen Vertreibung der etruskischen Herren kam, verschwanden dennoch, nachdem die politische Macht derselben gebrochen war, die Herrengeschlechter sehr schnell oder verschmolzen sich mit der einheimischen Bevölkerung. Natürlich müssen wir aber voraussetzen,. dass diese Mischung des Blutes in Verbindung mit der vorausgehenden Herrschaft der Etrusker auch bei den befreiten Stämmen Spuren hinterlassen hat, die wir im Einzelnen nicht mehr nachweisen können.

Aus der späteren Geschichte kenne ich nur Ein Beispiel, das zur Erläuterung der unwiderstehlichen Ausdehnung und des raschen Sturzes der etruskischen Macht dienen kann: die Herrschaft der Deutschen Ritter in den Ostseeländern. Auch hier sehen wir einen ritterlich-priesterlichen Adel, der die einheimische Bevölkerung mit ihrer fremden Sprache und ihren fremden Göttern sich unterwirft

und mit starker Hand einen breiten Küstensaum von dem Hinter-
lande losreisst. Gestützt auf seine Burgen gründet er ein mächtiges
Reich, das nur im Interesse der herrschenden Classe organisirt und
regirt wird, so dass die einheimische Bevölkerung, wenigstens der
nördlichen Provinzen, den deutschen Eroberern am Ende fast ebenso
fremd und feindlich gegenübersteht wie am Anfang. Schliesslich aber
erfolgte der Rückschlag von Seiten des Binnenlandes, das soweit erstarkt war, um seine Rechte auf die Küste wieder geltend zu machen
und in die Mauer Bresche zu legen, die ihm das Meer verschloss.
Doch auch der Unterschied tritt deutlich genug hervor. An der Ostsee
ist es ein mehr oder minder einheitlich organisirtes Königreich, das
die entfremdete Küstenprovinz zurückerobert, und der Hauptverkehrs-
ader, seinem grössten Flusse, folgend, wieder Zugang zum Meere
gewinnt. Am Mittelmeer dagegen ist die unterworfene Bevölkerung
bei dem Befreiungswerke wesentlich auf die eigene Kraft angewiesen,
und der grösste Fluss der eigentlichen Halbinsel scheint von den
Etruskern am längsten behauptet zu sein, was bei der Wichtigkeit des
Tiber für das eigentliche Etrurien gar nicht anders zu erwarten war.
In der That finden wir in unserer Ueberlieferung nicht den geringsten
Anhaltspunkt dafür, dass zur Zeit, als die Tarquinier aus Rom ver-
trieben wurden, etwa das Volskerland noch in den Händen der
Etrusker gewesen wäre.

Das führt uns auf die schwierige bis jetzt absichtlich bei Seite
geschobene Frage, ob sich nicht wenigstens annähernd ein Anfangs-
und Endpunkt der etruskischen Herrschaft zwischen Tiber und Liris
feststellen lässt. SCHWEGLER, der sich nicht gegen die Annahme
sträubt, dass die Etrusker zu Lande bis nach Campanien vorgedrungen
seien, ist auch bereit zuzugeben, dass das latinische Küstenland einmal etruskisch war, sucht dann aber den Consequenzen dadurch zu
entgehen, dass er diese Vorgänge in eine allzu nebelhaft mythische
Vorzeit zurückverlegt. Er weist [1] auf einige Züge in der römischen
Sage hin, namentlich die Herrschaft des tuskischen Königs Mezentius über Latium, auf die Erzählung vom Turnus (Τυρρηνός;) u. A.
und dem entsprechend rückt er auch das Ende der etruskischen
Herrschaft in eine allzu frühe Periode: „Die Befreiungsversuche der
Latiner spiegeln sich in der Sage von der troischen Ansiedelung." [2]

Die Bedeutung der Aeneassage beruht nicht auf den Beziehungen
der Römer zu den Etruskern, sondern zu den Hellenen. Wenn den
Römern bereits in so nebelhaft mythischer Zeit die Befreiung von

---

[1] R. G. I. 330.
[2] A. a. O.

der Fremdherrschaft geglückt wäre, so müssten wir uns wundern, dass sie in historischer Zeit noch so viele Spuren hinterlassen hätte. Die Etrusker erscheinen südlich vom Tiber überall als Träger einer hochentwickelten Cultur, sie gehen aus von einem alten Culturlande mit Städten, deren berühmte Namen sie bei ihren Neugründungen im Latiner- und Volskerlande wiederholen; sie umgeben diese Städte mit mächtigen Mauern, deren Technik uns noch heute Bewunderung abnöthigt; und diese Städte werden von den Gewährsmännern unserer griechischen Geographen, wie z. B. des STEPHANUS von Byzanz etruskisch genannt, die darnach vor dem Aeneas an der italischen Küste auf ihren Forschungsreisen gelandet sein müssten.

Wenn wir diese zunächst noch zeitlose Herrschaft der Etrusker in den Synchronismus der römischen Geschichte einfügen wollen, so haben wir einen äusseren Anhaltspunkt an der Herrschaft einer etruskischen Dynastie in Rom. Denn dass die Tarquinier wirklich aus Etrurien stammten und in historischer Zeit über Rom geherrscht haben, das wird jetzt ziemlich allgemein anerkannt, und wird später noch weiter ausgeführt werden. Wenn wir also SCHWEGLER's Annahme zu der unserigen machen wollten, so müssten wir uns für eine doppelte Herrschaft der Etrusker entscheiden, ohne dass wir von dem Riss zwischen der ersten und zweiten Herrschaft in unserer Tradition irgend eine Spur nachweisen könnten. Diese Hypothese ist schwieriger und künstlicher, als die Herrschaft der Tarquinier direkt mit jener Fremdherrschaft in Verbindung zu bringen. Dafür spricht aber noch ganz besonders, wenn man es nur richtig versteht, das Zeugniss des alten CATO, der in seinen Origines die ältere Geschichte der einzelnen Landschaften mit besonderer Vorliebe behandelte. Frgm. 69. ed. P. (VELLEIUS I. 7, 2.). *Quidam huius [Hesiodi] temporis tractu aiunt a Tuscis Capuam Nolamque conditam ante annos fere octingentos triginta, quibus equidem adsenserim. Sed M. Cato quantum differt! qui dicat Capuam ab eisdem Tuscis conditam ac subinde Nolam; stetisse autem Capuam antequam a Romanis caperetur, annis circiter ducentis sexaginta. quod si ita est, cum sint a Capua capta anni ducenti quadraginta, ut condita est, anni sunt fere quingenti. ego pace diligentiae Catonis dixerim, uix crediderim tam mature tantam urbem creuisse, floruisse, concidisse, resurrexisse.*

VELLEIUS, der ungefähr um 30 n. Chr. schrieb, setzt also die Gründung von Capua und Nola in die Zeit Hesiod's um 800 v. Chr. Seine chronologische Polemik gegen CATO's Origines ist aber, obwohl sie bis jetzt meines Wissens keinen Widerspruch erfahren hat, nur zum Theil berechtigt und beruht auf einem Missverständniss der Worte *antequam a Romanis caperetur.* CATO sprach, wie sich leicht nachrechnen lässt, von der Uebergabe der Stadt an die Römer im Jahre 342 v. Chr. VELLEIUS dagegen dachte an die Einnahme der Stadt im hannibalischen Kriege im Jahre 211, also ungefähr 240 Jahre vor seiner eigenen Zeit. Es wäre also nur ein Irrthum, wenn wir mit VELLEIUS aus den Worten des CATO auf ein Gründungsjahr wie 470 v. Chr. schliessen wollten. CATO behauptet vielmehr, dass Capua und Nola 260 Jahre vor 342 v. Chr. d. h. im Jahre 602 v. Chr. von den Etruskern gegründet, resp. colonisirt seien. Der Protest von O. MÜLLER,[1] der „bei dem besten Willen CATO'S Zeugnisse keinen Glauben beimessen kann," ist darnach also gegenstandslos und richtet sich nicht gegen CATO, sondern gegen das Missverständniss des VELLEIUS.

Es bleibt keine chronologische Schwierigkeit mehr übrig, wenn wir annehmen, dass die Etrusker um 600 v. Chr. Campanien eroberten.[2] Dieser Zeitpunkt passt viel besser, als das von VELLEIUS herausgerechnete Jahr, sowohl zu den griechischen wie den römischen Synchronismen, denn die Eroberung Campaniens muss auf alle Fälle in die Zeit gesetzt werden nach der Colonisirung des campanischen Küstenlandes durch die Hellenen. Es ist charakteristisch für die Etrusker und ihr Verhältniss zu den Hellenen, dass sie ihre ganze Küste von Luna bis hinab zur Mündung des Vulturnus frei gehalten haben von griechischen Colonien; wie sollten sie also Neapel und die besten Häfen der ganzen Westküste, wenn sie jemals Herren derselben waren, wieder den Hellenen überlassen haben? Wir werden daher zu der Annahme genöthigt, dass der Golf von Neapel bei der Eroberung der Etrusker bereits in den Händen der Hellenen war, die wenigstens einen Theil der Hafenorte mit Glück und dauernd gegen die Angriffe der Etrusker behauptet haben. Da man die Gründung dieser italischen Colonien bekanntlich in die Mitte des 8. Jahrhunderts setzt, so können die Etrusker also erst nach dieser Zeit am

---

[1] MÜLLER-DEECKE. Etr. I. 165—66.

[2] Vielleicht waren die Eroberungszüge der Etrusker nicht einmal freiwillig, sondern durch die Einfälle der Kelten hervorgerufen, deren Anfang LIVIUS 5, 33 zweihundert Jahre vor die Eroberung Roms durch die Gallier setzt. Rechnen wir von 390 zurück, so kommen wir ungefähr in die Zeit der Eroberung Campaniens. Bei einer runden Summe und so früher Zeit kommt die Differenz von 25 Jahren kaum in Betracht. Wer diese Differenz betont, müsste annehmen, dass die Kelten einfach in die von den Etruskern geräumten Gebiete nachgerückt seien. Da diese Landstriche aber zu den fruchtbarsten von ganz Italien gehören, so spricht Alles dafür, dass die Etrusker nur gezwungen auswanderten. Es scheint darnach, als ob der Stoss sich weiter nach Süden fortpflanzte und die Etrusker im Süden wieder erobern wollten, was sie im Norden verloren. Vielleicht also hatte jene italische Völkerwanderung um 600 v. Chr. eine grössere Ausdehnung als es auf den ersten Blick scheinen könnte.

Golf von Neapel erschienen sein. Eine Grenze nach unten hin gewinnen wir andererseits durch die römische Geschichte.

Die römischen Historiker lassen mit dem Jahre 616 v. Chr.
die Herrschaft der etruskischen Tarquinier beginnen; und 14 Jahre (616—602)
nach dem Uebergang über den Tiber waren nicht einmal nöthig für
die Etrusker, um die Eroberung von Latium und Campanien zu
vollenden. — Auch im folgenden Jahrhundert setzten sich die Kämpfe
zwischen den Etruskern und Hellenen fort. Etrurien, Latium und
Campanien erscheinen als ein einheitliches Gebiet, das in seiner
ganzen Länge von Freund und Feind durchzogen wird. Im Jahre 524
machten die Etrusker einen Angriff auf Kyme,[1] und bald darauf
bietet ARISTODEMVS der spätere Tyrann von Kyme dem etruskischen Heere nahe bei Rom die Spitze vor den Mauern von Ari-
cia. Es leidet keinen Zweifel, dass diese Züge auch mit der Vertreibung der Könige aus Rom irgend wie in Verbindung stehen; sie
endeten mit der Niederlage der Etrusker zu Lande, die bald durch
eine entscheidende Niederlage zur See vervollständigt wurde. Im
Jahre 474 siegten die verbündeten Hellenen über die Flotte der
Etrusker, und HIERON sandte jenen Helm nach Olympia mit der
Aufschrift:[2]

„Ἰάρον ὁ Δεινομένεος καὶ τοὶ Συρακόσιοι τοῖ Δὶ Τυράν' ἀπὸ Κύμας."

Mit den Hellenen arbeiteten die Samniten auf dasselbe Ziel hin,
das sie im Jahre 423 durch die Einnahme von Capua erreichten.
Dieses kräftige Bergvolk scheint der schlimmste Feind der südlichen Etrusker gewesen zu sein, auf den wir mit einiger Wahrscheinlichkeit nicht nur das Ende, sondern auch den Anfang der
Katastrophe zurückführen können. Oben im Gebirg der Samniten
kam wahrscheinlich der Stein ins Rollen, der unten in der fruchtbaren
Ebene der Westküste die thönernen Füsse zerschmettern sollte, auf
denen das südliche Reich der Etrusker ruhte. Die rauhen Söhne
der Abruzzen sahen mit Verachtung die neuen Herren der verhäng-
nissvollen Ebene von Capua bald nach ihrer Einwanderung (602 v. Chr.)
rasch verweichlichen, und scheinen schon in der zweiten oder dritten
Generation ihre Angriffe eröffnet zu haben, die wenigstens den einen
Erfolg hatten, dass sie den unterworfenen Völkern im Norden, den
Latinern und Volskern Luft machten und bald darauf die Vertreibung der etruskischen Dynastie aus Rom im Jahre 509 ermög-
lichten. Zugleich arbeiteten die Samniten im Süden weiter an der

---

[1] MÜLLER-DEECKE. Etr. I. 170.
[2] Vgl. Inscr. G. A. 510. Palaeogr. Society. No. 77 b.

Vernichtung der etruskischen Macht, die ihren Abschluss fand, als im Jahre 423 Capua die Hauptstadt des campanischen Etrurien erobert wurde.

Auf diese Weise schliessen sich die einzelnen Ereignisse gut an einander, wenn man nur Zweierlei für die römische Geschichte voraussetzen darf, was heute zu Tage von den Forschern, die hier in Betracht kommen, kaum noch angefochten wird: die historische Existenz römischer Könige und namentlich der letzten, und die etruskische Herkunft der Tarquinier. Auch MOMMSEN, der in seiner römischen Geschichte die Darstellung der Königszeit geglaubt hat streichen zu müssen, leugnet weder das Eine noch das Andere. — Wenn noch ein Beweis nöthig wäre, so brauchte man nur hinzuweisen auf die oben erwähnten Bauten des königlichen Roms mit ihren eingemeisselten Schriftzeichen, mit den Verträgen der Könige, auf welche noch in späteren Jahrhunderten sich die Historiker berufen. Man kann mit Sicherheit behaupten: Eine Zeit, die solche Bauten hinterlassen, kann nicht mythisch, eine Zeit, in der bereits geschrieben wurde, kann nicht prähistorisch sein. Also:

Urbem Romam a principio reges habuere.

Allein die Ueberlieferung der ersten und der letzten Königszeit ist natürlich in Bezug auf Treue und Glaubwürdigkeit sehr verschieden. Die ersten vier Könige sind wesenlose Schatten, paarweise Personificationen von Krieg und Frieden, die im Alterthum bereits wie Doubletten behandelt wurden [1]; die drei letzten dagegen treten uns in ganz anderer Weise plastisch entgegen; es sind diejenigen, die man unter dem Namen der Tarquinischen Dynastie zusammenzufassen pflegt. In diesem Umstand liegt zugleich der Grund für die bessere Beglaubigung; der principielle Unterschied bei der Behandlung der vier ersten und der drei letzten Könige geht schliesslich darauf zurück, dass bei den letzteren die römische und die etruskische Ueberlieferung zusammentreffen. Es giebt in der Geschichte Augenblicke, wo zwei Völker, die sich bis dahin fremd gegenüber gestanden, in freundliche oder feindliche Berührung treten, wo zwei Fäden desselben Gewebes, die sich bis dahin nie berührt hatten, am sausenden Webstuhl der Zeit sich kreuzen und zu einem Knoten verschlungen werden. Zu diesen Knotenpunkten gehören z. B. der Uebergang des Xerxes über den Hellespont, Alexander's Zug nach Indien, der Krieg des Pyrrhus auf italischem Boden, die Einnahme Roms durch die Gallier u. s. w. Diese Knotenpunkte sind für den Historiker von besonderer Wichtig-

---

[1] Siehe BERNOUILLI, Röm. Iconographie. Münztafel I, No. 6 (Numa u. Ancus).

keit und werden mit Recht dazu benutzt, die Chronologie beider betreffenden Völker zu rectifiziren; denn bei der Wichtigkeit solcher Punkte, die man schon im Alterthum richtig erkannte,[1] wurde schon damals besondere Sorgfalt auf eine möglichst genaue Feststellung dieser Ereignisse verwendet, die sich nach beiden Seiten hin als chronologische Basis verwenden liessen. Ein derartiger Knotenpunkt etruskisch-römischer Geschichte war aber der Anfang der tarquinischen Herrschaft über Rom. Die römischen Annalisten waren im Stande, hier ihre eigenen Angaben nach denen der älteren tuskischen zu rectifiziren. Je mehr Licht demnach gerade auf die tarquinische Dynastie fällt, desto stärker der Schlagschatten, in den die vorhergehende Königszeit und vielleicht auch die nachfolgende ältere republikanische Geschichte zurücktreten, weil hier die römische und etruskische Geschichte auseinander ging, um sich fortan nur noch in den für die Etrusker durchaus nicht rühmlichen Grenzfehden zu berühren. Was vor der Zeit der Tarquinier liegt, konnte die römische Annalistik nicht, was nach dieser Zeit kommt, wollte sie nicht etruskischen Aufzeichnungen entlehnen; allein für die Periode der etruskischen Dynastie durfte sie die ältere etruskische Ueberlieferung nicht verschmähen, die, wenn wir sie uns auch noch so laconisch vorstellen, immer noch reichhaltiger sein musste als die römische.

Es leidet aber, wie bereits gesagt, keinen Zweifel, dass nicht nur die Kultur der Etrusker älter war als die römische, sondern speciell auch — was für den Historiker besonders wichtig ist, — dass die Etrusker früher als die Römer angefangen zu schreiben. Auf ein besonders hohes Alter führt nicht nur die linksläufige Richtung der etruskischen Schrift, sondern auch der Umstand, dass die Etrusker das einzige Volk Italiens sind, das sogar seine Götter und Fabelwesen mit Diptychon, Dintenfass und Schreibrohr ausstattet; und HELBIG hat vielleicht das Richtige gesehen,[2] wenn er die Einführung der Schrift bei den Etruskern in die Zeit von 750—644 v. Chr. setzt. Da es nun für die Jahre 616—509 eine gemeinsame etruskisch-römische Geschichte gab, so können wir für diese Periode Aufzeichnungen der Etrusker auch über römische Verhältnisse voraussetzen. Aehnlich wie wir im sechsten Jahrhundert in der griechischen Geschichte bereits festen historischen Boden unter den Füssen haben, so nähert sich auch die Aufzeichnung der Etrusker um diese Zeit bereits der Geschichte.

---

[1] Vgl. POLYB. 2, 20. 3, 22.
[2] Annali d. inst. 1876, p. 228.

Dass die letzten Könige von Rom aber wirklich Etrusker waren, bedarf kaum eines Beweises. Die Tradition ist einstimmig darin, dass die Tarquinier aus Tarquinii einwanderten, obwohl sie sonst manche Veränderungen vorgenommen hat. Der Stolz der Römer fand später, als sie Etrurien erobert hatten, den Gedanken allerdings unerträglich, dass die Etrusker früher ihre Herren gewesen seien, und schildert deshalb die Uebersiedelung des Tarquinius Priscus nach Rom so harmlos wie möglich. Die Wirklichkeit mag ein anderes Aussehen gehabt haben. Tarquinius kann ebenso wie Porsenna nur an der Spitze eines Heeres nach Rom gekommen sein, und die Lage der Römer mag nach dieser ersten Eroberung ungefähr so gewesen sein wie nach der zweiten, als König Porsenna ihnen den Gebrauch des Eisens ausser beim Ackerbau untersagte.

Die Namen Aruns, Tanaquil u. s. w. sind nicht römisch, sondern etruskisch, und selbst die Benennung der Familie nach einer fremden Stadt, welche das römische Bürgerrecht auszuschliessen scheint,[1] ist für römische Verhältnisse alter Zeit auffallend; während gerade bei den Etruskern Geschlechtsnamen häufig von einem Ethnikon abgeleitet werden, z. B. *Capenate, Frentinate, Mantuate* u. s. w.[2]

Von ganz besonderer Wichtigkeit ist aber das in Südetrurien gefundene Familiengrab der Tarquinier. Grade zur rechten Zeit, ehe der letzte Rest römischer Königsgeschichte unter den Händen ihrer modernen Bearbeiter vollständig zerbröckelte und verschwand, wurde in den Jahren 1845—46 grade in Caere, wohin sich nach LIVIUS[3] die vertriebene Dynastie zurückzog, eines jener ausgedehnten Familiengräber aufgefunden, wie sie keine Landschaft Italiens in solcher Menge und Ausdehnung besitzt, wie Etrurien.[4] CORSSEN „fand in dem Grabe der Tarquinier noch siebenunddreissig ganz oder zum Theil erhaltene Inschriften vor," die keinen Zweifel mehr übrig lassen, dass wir noch heute die letzte Ruhestätte des aus Rom vertriebenen Geschlechtes besitzen. Der letzte römische König und seine beiden Söhne werden in den Inschriften dieser Grabkammer nicht erwähnt, weil sie nicht in Caere, gestorben sind, allein ihre Familie muss noch lange Zeit als eine etruskische in Südetrurien geblüht haben, denn bei weitem die meisten Inschriften ihrer Familiengruft geben ihren Namen in der etruskischen Schrift

---

[1] MOMMSEN. R. Forschungen 2. 290 die örtlichen cognomina des römischen Patriciats. HÜBNER. Ephemeris epigr. 1875. p. 53—64.

[2] Vgl. MÜLLER-DEECKE. Etr. 2, 440.

[3] LIVIUS I, 60, 2. Exacti — — inde liberi regis. duo patrem secuti sunt, qui exulatum Caere in Etruscos ierunt.

[4] Vgl. CORSSEN. Etr. I, 406 ff. FABRETTI. C. I. I. 2347—91.

und in der etruskischen Form *Tarcna, Tarchnas* resp. *Tarchnai*.[1]
Doch auch lateinische Inschriften fehlen nicht, so z. B. bei FABRETTI
C. I. I. 2349 *C. Tarquiti M. F.*; 2390 ... *rquiti C. F. Ca.*; 2356
Tarquin[os]. Andere geben die etruskische Namensform mit lateinischen Buchstaben, so 2363 *M. Tarcna* und 2391: M. **TARCNAL. Γ. ΓLMNINVS.**
MOMMSEN[2] bemerkt dazu: *la nona lettera* [Γ] *potrebbe pure prendersi
per* T. Dasselbe gilt wohl auch von dem zehnten Buchstaben, dem
zweiten Γ, das man vielleicht sogar durch den Querbalken des vorhergehenden Γ zu einem T ergänzen kann. Dann dürften wir natürlich nicht mit DEECKE, Etr. Forschungen 3, 246: *m. tarcna l. f.
flmninus* lesen, zumal da der Name FLAMINIUS bis jetzt überhaupt
im Etruskischen nicht nachgewiesen ist, sondern dann wäre der
letzte Name vielmehr zu TOLUMINUS zu ergänzen. Dieser Beiname
macht es wahrscheinlich, dass die vertriebenen Tarquinier sich mit
dem Feinde des römischen Staates dem Lars Tolumnius, dem
Könige der Vejenter († 425) verschwägert haben, und dadurch erhielten wir das Recht, jene Grabschrift ungefähr in die Zeit bald nach
425 zu setzen. Dahin weist uns auch das Vorherrschen etruskischer
Sprache und Schrift bei einem früher in Rom ansässigen Geschlechte;
dieser Umstand lässt darauf schliessen, dass die Romanisirung des
südlichen Etruriens noch nicht sehr weit fortgeschritten war. Hier bil-
det aber das Jahr 388 v. Chr. einen wichtigen Abschnitt, der durch die
Einrichtung von vier römischen Tribus in Südetrurien bezeichnet wird,
es sind die *Stellatina, Tromentina, Sabatina* und *Arniensis*, die im
Jahre 388 errichtet wurden. Auch CORSSEN, Etr. 2, 572, setzt „die
alten schwarz aufgemalten Inschriften des Erbbegräbnisses der Tarquinier von Caere in die Zeit des fünften bis vierten Jahrhunderts.‟
Nun führen allerdings nur zwei der letzten Könige den Namen
Tarquinius; der mittlere SERVIUS TULLIUS wird von den römischen
Annalisten nicht mit zu dieser Familie gerechnet, dagegen machten
ihn die etruskischen Geschichtsschreiber wenigstens zum Etrusker.
Je weniger Fragmente etruskischer Historiker wir besitzen, um so
dankbarer müssen wir sowohl dem Kaiser CLAUDIUS sein, der uns
das wichtigste davon gerettet hat, als auch dem Zufall, der uns auf
auf einer grossen Bronzetafel in Lyon die Rede des Kaisers CLAU-
DIUS für das Ehrenrecht der Gallier bewahrt hat. Der kaiserliche

---

[1] Tarcna weicht nicht so sehr ab von Tarquinius, da die Etrusker das ihnen feh-
lende Q durch einen verwandten Buchstaben wiedergeben mussten. CORSSEN, Etr. I, 415.
leitet sowohl die etruskischen wie die römischen Namensformen von dem supponirten
Tar-k-Y-na ab.

[2] Bullettino dell' instituto 1847, p. 63.

Redner betont hier, dass der römische Staat von jeher viele fremde
Elemente in sich aufgenommen habe und fährt dann fort[1]): *Servius
Tullius, si nostros sequimur, captiva natus Ocresia, si Tuscos, Cacli
quondam Vivennae sodalis fidelissimus omnisque eius casus comes, post-
quam varia fortuna exactus cum omnibus reliquis Caeliani exercitus
Etruria excessit, montem Caelium occupavit et a duce suo Caelio ita
appellavit mutatoque nomine (nam Tusce Mastarna ei nomen erat)
ita appellatus est, ut dixi, et regnum summa cum rei p. utilitate optinuit.*

„Ich bin von keinem litterarischen Fund," so gesteht NIEBUHR,[2])
„so überrascht worden wie von diesem, kein Mensch hatte früher
Notiz davon genommen, man sieht solche Quadratbuchstaben nicht
an, zumal, wenn sie von dem dummen CLAUDIUS sind."

NIEBUHR hat mehrfach geschwankt bei der Verwerthung dieses
Fundes für die Römische Geschichte[3], schliesslich aber die Identität
des SERVIUS TULLIUS und MASTARNA verworfen; ebenso SCHWEGLER
R. G. 1,721, der nur die Möglichkeit zugibt, dass in Rom einmal
ein etruskischer Freischarenführer König geworden sein könne.
MOMMSEN R. G. I. [7], S. 123—24 hält die Nachricht von der Ansiedelung des MASTARNA auf dem caelischen Berge für zuverlässig, „wenn-
gleich der Zusatz, dass dieser MASTARNA in Rom König geworden
sei unter dem Namen SERVIUS TULLIUS, gewiss nichts ist als eine
unwahrscheinliche Vermuthung solcher Archaeologen, die mit Sagen-
parallelismus sich abgaben." Es sind also drei gewichtige Stimmen,
die sich gegen die Nachricht des CLAUDIUS, oder doch den wichtigsten Theil derselben ausgesprochen haben. Nur RANKE, Welt-
gesch. 2, S. 45, hat den Muth, den CLAUDIUS zu vertheidigen: „Wollte
man, abgesehen hiervon, einen historischen Boden für die Ueberlieferung gewinnen, so dürfte man vielleicht an den etruskischen
MASTARNA anknüpfen. Man dürfte annehmen, dass die Hegemonie
des älteren Tarquinius durch MASTARNA unterbrochen, dann aber
durch den jüngeren Tarquinius wiederhergestellt sei, gegen welchen
sich nun das von SERVIUS-MASTARNA zu einem höheren Grade von
Freiheit gelangte und bewaffnete Volk unter dem Vortritt der Patri-
cier wieder erhoben hätte[4]."

Es ist wahr, der „dumme CLAUDIUS" ist, wie man NIEBUHR
zugeben kann, kein Kritiker gewesen; aber er war kein ungelehrter
Mann und hatte sich eingehend mit dem etruskischen Alterthume

---

[1] BOISSIEU, Inscr. de Lyon p. 132—144. Vgl. auch den Anhang zu NIPPERDEY's
Ausgabe der Annalen des TACITUS S. 278.
[2] Vorträge über R. G. I. S. 192.
[3] Vgl. seine R. G. I, 400, Vorträge 1, 89. 158. 192.
[4] Vgl. 2, S. 24. 26—30.

beschäftigt, als er Vorstudien zu seinen 20 Büchern Τυρρηνικά machte.
Ausserdem standen ihm alle Hülfsmittel und Erleichterungen seines
hohen Standes bei diesen Studien zu Gebote und seine persönlichen
Beziehungen zu LIVIUS bürgen uns dafür, dass er sie ausnutzte.
Für die Richtigkeit seiner Ansicht, dass SERVIUS TULLIUS und
MASTARNA wirklich identisch sind, spricht aber auch noch ein bis
jetzt nicht beachtetes Moment: die Etymologie des etruskischen
Namens. Es ist vielfach gefrevelt in Bezug auf die Etymologie von
Namen und noch mehr in Bezug auf die Etymologie des Etruskischen,
aber trotz alledem kann man es mit hinreichender Zuversicht aus-
sprechen, dass in dem Namen MAS-TARNA [1] der Gentilname der
Tarquinier TARCNA vorhanden ist. Es ist ein allgemeines Gesetz
aller Sprachen, so unbequeme Consonantenverbindungen wie rc(h)n
abzuschleifen und zu mildern; und selbst die etruskische Sprache, die
doch in Bezug auf Consonantenhäufungen das Unmögliche möglich
gemacht hat, steht unter der Herrschaft dieses Gesetzes; das beweisen
die Doppelformen der entsprechenden etruskischen Namen, wie

larcna (FABRETTI, Gloss. p. 1017) und *larna* (ebendort p. 1018)
vercnas („   „   p. 1937) „ *verna* („   p. 1937).

Es kann daher wohl nicht bezweifelt werden, dass *tarchna* und *tarna*
(s. u. S. 36 A. 5.) nur verschiedene Formen desselben Namens sind und
die NamenTarn-es und Tarn-a-i (FABRETTI C. J. J. 2327ter b) ebenfalls
demselben Geschlechte angehören, umsomehr, da DEECKE in der zweiten Ausgabe vom O. MÜLLER's Etruskern I. S. 493 auch noch von
anderen unedirten Inschriften spricht, welche dieselbe erweichte
Form des Namens sicher stellen. Diese Vermuthung scheint mir
einleuchtend und würde es bleiben, selbst wenn wir bei unserer
geringen Kenntnis der etruskischen Sprache den ersten Theil des
Namens Mas- nicht erklären könnten. Doch auch die Erklärung
dieses Mas- oder Macs- in der eigentlich etruskischen Form *mcstrna*
in den Wandaufschriften des gleich zu erwähnenden Grabes von
Vulci ergiebt sich eigentlich von selbst durch die Namen im Erbbegräbniss der Tarquinier zu Caere. Kein Vorname wiederholt sich
hier häufiger als Marces [2] und mich wundert nur, dass Formen wie
marces tarnes (FABRETTI C. J. J. 2327ter b) und *ma tarchnas* (F. 2360) etc.
nicht schon längst zu einer richtigen Lösung des Mastarnaräthsels
geführt haben. Obwohl also sowohl die Form *mastarna* wie *mcstrna*

---

[1] Zuletzt hat CUNO, CORSSEN folgend, den Namen Mastarna mit magister in Verbindung bringen wollen. Jahrbb. f. cl. Philol. 1881, S. 854.
[2] Vgl. DEECKE. Etr. Forsch. 3, 246—47. und 374: marce, häufig nur im Grabe
der tarχna = Tarquinii zu Cervetri.

anscheinend eher auf den Namen Maccius[1] führen würde, so trage
ich wegen der Häufigkeit des Namens Marces bei den Tarquiniern
kein Bedenken den unaussprechlichen Namen *mcstrna* aus dem noch
unaussprechlicheren *mrcstrna* abzuleiten.

Es wird schwerlich ein Zufall genannt werden können, dass wir
die Spuren der Tarquinier nur an der Westküste finden: in Rom
herrschte der letzte Tarquinier, in Kyme starb er, in Caere war das
Erbbegräbniss, in Tarquinii der Heimathsort seiner Familie; Viterbo,
ebenfalls noch im Westen gelegen, ist der am meisten landeinwärts
gelegene Ort, in dessen Umgegend ebenfalls die Grabschrift eines *Tarch-
nalthi* d. h. *Tarcnae filia natus*[2] gefunden wurde. Dazu kommt dann
aber noch eine andere Stadt, ebenfalls ganz nahe der Westküste, in
deren Gräbern sich ebenfalls Spuren dieses mächtigen Geschlechtes
gezeigt haben. In Vulci wurde nemlich im Jahre 1846 ein Sarkophag ausgegraben[3], dessen oben schon wegen der abgeschliffenen
Form Tarna herangezogene Inschrift von CORSSEN[4] behandelt
wurde[5]:

An farthnache   Marces   Tarnes   Ramthes C.   Chaireals
Hic feralia peregit Marcius Tarnius Ramtius Gai fil. Chairea matre
natus

BRUNN hat diesen Sarkophag veröffentlicht in den Monumenti d. Inst. 8 T. 18 und die Männer-Amazonen- und
Thierkämpfe der bildlichen Darstellung in den Annali d.
Inst. 1865 p. 244—252 ohne aber die etruskischen Inschriften zu berücksichtigen; das hat CORSSEN (a. a. O.)
nachgeholt, ohne aber, wie seine lateinische Uebersetzung
zeigt, die Beziehung auf die Tarquinier zu erkennen. Wir haben
aber oben gesehen, dass Tarna und Tarchna nur verschiedene Formen
desselben Namens sind; und das wird durch unseren Sarkophag aufs
neue bestätigt, weil hier auch die Vornamen der Familie wiederkehren.
Seit die weise Tanaquil in das Geschlecht der Tarquinier hinein hei-
rathete, in dem sie eine so hervorragende Rolle spielte, scheint ihr
Name in der Familie heimisch geblieben zu sein. Von ihr stammte die
Than. Tarchnai Vth. sech.[6], von ihr auch wahrscheinlich die *Thanchvil*,
deren Namen CORSSEN[7] im Erbbegräbniss der Tarquinier entdeckte:

(Randnotizen links: Larth Teinus — Lars Teinius; rechts: Thanchvil Tarnai — Tanaquil Tarnaia)

---

[1] Vgl. RITSCHL. Parerga plaut. p. 1 ss.
[2] Vgl. CORSSEN. Etr. 2, 621. FABRETTI, II Supplemento, 98.
[3] FABRETTI. C. J. J. 2327ter b.
[4] Etr. I, S. 748.
[5] Vgl. DEECKE, Etr. Forsch. 1, 50.
[6] FABRETTI C. J. J. 2375.
[7] Etr. I, 410. Taf. XIII. 6.

Thanchvil Pacia [*pui*]*a.* Hier hat CORSSEN aber wahrscheinlich nicht nur falsch ergänzt, sondern auch falsch übersetzt: *Tanaquil Pacia puella.* Einmal heisst *puia* wahrscheinlich nicht *puella* und zweitens steht es nicht einmal da, sondern vor dem a ist eine Lücke von 3 Buchstaben. „Da in derselben Familiengruft mit *Thanchvil Pacia*, der Ehefrau eines *Tarchnas*, ein *Aule Tarchnas Pacials* bestattet ist [1]," so wird man wohl anders als CORSSEN vielmehr schreiben müssen *Thanchvil Pacia*[*lis*]*a*[2]. — Die Tanaquil Tarquinia, die in jenem Sarkophage (S. 28) bestattet wurde, gehörte also wahrscheinlich zu den Nachkommen der Königin. Auch der zweite Name jener In-schrift Marcus war bei den Tarquiniern ungewöhnlich häufig und kommt, wie bereits erwähnt wurde, in dem Familienbegräbnis zu Caere sehr oft vor. Marces Tarnes ist also Marcus Tarquinius.

Ob CORSSEN die Beziehungen zwischen den drei in den Sarko-phaginschriften genannten Personen richtig gefasst, das ist allerdings eine andere Frage. Er macht den Larth Teiniis zum Bild- oder Steinhauer, der den Sarkophag ausgehauen hat; das ist sehr un-wahrscheinlich; die sich vollständig entsprechenden Inschriften der beiden Schmalseiten gehören vielmehr enger zusammen. Der männ-liche Name auf der einen und der weibliche Name auf der anderen Seite scheinen das Verhältniss von Mann und Frau[3] anzudeuten, obwohl der Kürze wegen der Ehefrauenname auf -sa weggelassen ist, den wir auf einer vollständigern Inschrift derselben Familie hin-zugefügt finden: FABRETTI, C. J. J. 2366: *Ran*[*th*]*a Tarchnai Vel-tharusa*[4]. Die Inschrift der Langseite nennt einen Marces Tarnes, der schon wegen seines Namens nicht der Sohn des bestatteten Ehepaares sein kann; es ist wahrscheinlich der Vater (oder ein Verwandter) der Frau, der die Tanaquil Tarquinia mit ihrem Manne bestattete.

Ebenfalls in Vulci sind aber auch noch weitere Spuren der Tar-quinier aufgefunden; im Jahre 1857 entdeckte Al. François nahe bei der Ponte della Badia mehr als 30 Meter über dem Ufer der Fiora eine künstliche Grotte, die vollständig leer war und keinen andern Zweck hatte, als die darunter liegenden Grabkammern, die bald darauf 12 Meter tiefer entdeckt wurden, zu schützen und zu entlasten. —

---

[1] CORSSEN. Etr. I, 410 Taf. XIII, 5. FABRETTI C. J. J. 2365.

[2] Ob auch die Form Tarchumenaia (FABRETTI, C. J. J. 808) nichts ist als eine Weiterbildung desselben Namens, müssen wir dahin gestellt sein lassen. Die später zu erwähnende Form Tarchunies spricht dafür.

[3] Auf dem Deckel des Sarkophages sieht man ein Ehepaar (Monum. d. Inst. 8 tav. 19).

[4] Vgl. CORSSEN. Etr. I. 69—70.

Die ganze Anlage gruppirt sich um einen Mittelraum (s. u.) von der Gestalt zweier an einander geschobener Rechtecke; die Wände werden in der Mitte und in den Ecken durch Thüren unterbrochen, die in die nebenliegenden Seitenkammern führen[1]. Der Mittelraum ist aufs reichste ausgeschmückt mit Ornamenten und Gemälden[2] von einer Feinheit der Ausführung und Zeichnung, wie man sie in etruskischen Gräbern selten trifft. — Wenn wir von den kleineren Bildern rechts und links vom Eingange absehen, mit Darstellungen des Amphiaraus[3] und Sisyphus, Aias und Cassandra, Phönix und Nestor etc., so findet man die Hauptbilder dem Eingange gegenüber.

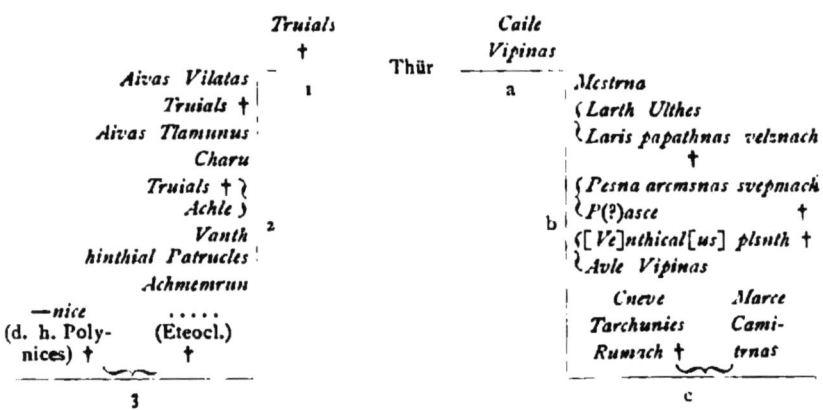

Für die Erklärung einer derartigen figurenreichen Darstellung sind wir zunächst angewiesen auf die Gesetze der Composition, die für den Maler massgebend waren. Die streng gebundene kirchliche Kunst des Mittelalters liebte es, Parallelen zwischen dem Alten und Neuen Testamente herauszufinden; sie sah in einer Reihe von typischen Vorgängen hier die Verheissung, dort die Erfüllung; ganze Doppelcyclen von bilderreichen Gruppen werden uns erst verständlich, wenn wir uns durch eingehendes Studium in diesen Gedankenkreis hineinversetzt und uns gewöhnt haben, künstlich die Brücke zu

---

[1] Vgl. den Plan, Annali del Instituto 1859. Tav. d'ag. M.
[2] Jetzt im Mus. Ital. zu Rom, nach Deecke, Etr. Forschungen 3, 246.
[3] Aehnliche Etruskische Familiennamen bei Corssen, Etr. I, 851.

schlagen, welche dem Mittelalter so natürlich und selbstverständlich zu sein schien. In ähnlicher Weise liebten auch die Griechen bei grössern Compositionen entsprechende, wenn auch natürlichere, Parallelen. Diejenigen Gesetze, die früher bereits WELCKER und BRUNN für die ältere Kunst und A. TRENDELENBURG für „die Gegenstücke in der campanischen Wandmalerei‘‘ nachgewiesen hat, gelten offenbar auch für die etruskische. Es existiren auch hier sowohl Parallelen, wie Contraste zwischen diesen beiden Hauptbildern, die hellenische und nationale Stoffe in Verbindung gesetzt haben.

Wenn wir derartige innere Bezüge zwischen beiden Bildern suchen, so liegt die Gefahr sehr nahe, dem antiken Maler moderne Gedanken unterzuschieben, man könnte versucht sein, den Gegensatz von Sage und Geschichte in den beiden Bildern dargestellt zu sehen. Die linke Seite wird allerdings als mythologisch gekennzeichnet durch die Geister und Dämonen, die dem Opfer zuschauen, während die Flügel- und Fabelgestalten auf der andern Seite fehlen. Man wird aber diesen Gedanken wohl jedenfalls aufgeben müssen; denn für den Maler, der jene beiden Bilder componirte, war eine Episode aus dem trojanischen Kriege ebenso historisch wie die Befreiung des Vibenna durch Mastarna. Der Gegensatz wird richtiger gefasst als: hellenisch (links) und etruskisch (rechts). Die eine Scene spielt im Lager der Griechen vor Troja; rechts von der Thür befinden wir uns auf italischem Boden. Der Grundgedanke auf der rechten wie auf der linken Seite ist das Hinschlachten von Menschen, das hier *in effigie* die Menschenopfer vertritt, die früher in einer rauheren Zeit bei der Bestattung eines etruskischen Häuptlings erforderlich waren. Aber, um diese Schlächtereien zu motiviren, sind verschiedene Situationen gewählt, deren Gegensatz besonders deutlich bei den Figuren neben der Mittelthür (1 u. a) hervortritt. Rechts und links ist ein grosser Schild gegen das Portal gelehnt, und rechts und links steht ein nackter Gefangener mit zusammengebundenen Händen daneben. Während aber auf der einen Seite der trojanische Gefangene wie ein Opferthier vom Aias am Stricke dem Tode entgegengeführt wird, hält der Gefangene auf der anderen Seite der Thür, Caelius Vibenna, seinem Freunde die gebundenen Hände entgegen, der ihm die Bande durchschneidet; und dem entsprechend hat der Maler keinen Zweifel gelassen, dass im nächsten Augenblicke hier die trojanischen Gefangenen hingeschlachtet, dort dagegen die Etrusker befreit sein werden. Hier sind es die Gefangenen, dort die Wächter,

---

1 Arch. Zeitung 1876, S. 1 u. 79.

welche sterben müssen, hier eine Gefangenschaft zum Tode, dort zum Leben, hier durch Nacht zum Licht, dort durch Nacht zum Tod. Gewöhnlich bezieht man alle Gruppen der rechten Seite auf die Befreiung des Caelius Vibenna. Dazu verleitet allerdings die Publication in den Monumenten des Instituts, der die wichtige Gruppe, welche dem thebanischen Brudermorde entspricht, vollständig fehlt[1]; auf unserer Tafel ist sie desshalb unter c nach NOËL. DES VERGERS, L'Étrurie et les Étrusques II pl. 25—28 ergänzt, dessen Erklärung bis jetzt keinen Widerspruch gefunden hat. Er verbindet die Gruppe der Kämpfenden mit den Gruppen der Nebenwand und schliesst also, dass Vibenna aus der Gefangenschaft des Cneve Tarchunies Rumach befreit werde, wie ich glaube, mit Unrecht; denn dieses Bild gehört nicht mehr, wie die Opferung der Trojaner und die Befreiung des Vibenna zur Nebencapelle, sondern bereits zum Hauptraum der ganzen Grabanlage, deren griechische Seite durch mythologische Paare ausgeschmückt ist, z. B. Amphiaraus und Sisyphus, Aias und Cassandra, Phönix und Nestor, und in gleicher Weise sehen wir dem Eingang gegenüber an den Wandflächen neben der vorspringenden Seitencapelle links den thebanischen Brudermord, rechts als Gegenstück den Kampf des Cneve Tarchunies. Da auf der linken Seite kein Zusammenhang nachweisbar ist zwischen dem Brudermord und der daranstossenden Opferung der trojanischen Jünglinge, so müssen wir nach Anlage des Ganzen auch voraussetzen, dass ebenfalls auf der rechten Seite kein Zusammenhang existirt zwischen der Befreiung des Vibenna und dem Kampf des Cneve Tarchunies. Man muss überhaupt von der Voraussetzung ausgehen, dass ein Bild sich auf eine Wandfläche beschränkt; jedenfalls hat der Maler jedesmal, wo er zwei Wandflächen zu einem Bilde vereinigte, dies möglichst scharf dadurch hervorgehoben, dass er Theile der Eckfiguren nach der anderen Fläche hinübergreifen lässt. Bei der trojanischen Scene greift der linke Arm des Aias von der Langwand (2) hinüber nach der Querwand (1), um den furchtsam dastehenden Trojaner an den Haaren herbeizuzerren und, dem entsprechend, reicht auch auf der anderen Seite der Arm des Mastarna nach der Querwand (a) hinüber, um die Fessel des Vibenna zu zerschneiden. Wenn also der Maler gegen dieses allgemeine Gesetz, dass ein Bild mit der Wandfläche abschliessen solle, verstösst, so thut er es möglichst auffällig, um dem Beschauer keinen Zweifel zu lassen über die Zusammengehörigkeit der Gruppen.

---

[1] Ich notire hier zugleich die abweichenden Lesungen. In den Monumenten haben die Namen Caile Vipinas und Mestrna statt des Ꟙ in der letzten Silbe ein Ꟙ.

Da wir also die Frage nach der Zusammengehörigkeit des
grossen Bildes (2 und b) und jener kleinen Gruppe (3 und c) verneinen
müssen, so fällt damit auch der Grund für die Annahme, dass
Caelius Vibenna in der Gefangenschaft des Cneius Tarquinius in
Rom gewesen, als ihn MASTARNA befreite. Im Gegentheil, weil
jenes Bild in Vulci gemalt wurde und einer der sterbenden Wächter
Velznach, d. h. aus Vulsinii, genannt wird, so wird man wohl eher
an diese etrurische Stadt als an Rom zu denken haben. In dieser
Gegend Etruriens scheint der Name Vipinas heimisch gewesen zu
sein. In Bolsena wurde ausser jenem interessanten Spiegel mit der
Darstellung des Romulus und Remus auch noch ein anderer Spiegel [1]
jetzt im Brit. Museum) „gefunden mit der Darstellung einer musika-
lischen Aufführung mit folgenden Gestalten: 1. Ein Jüngling, der
die Laute schlägt. 2. Ein sitzender Jüngling mit offenen Diptychen
in der Hand. 3. Ein Krieger in voller Rüstung auf der einen Seite.
4. Ein solcher Krieger auf der andern Seite. 5. Im Hintergrunde auf
einem Felsen ein horchender oder beobachtender Satyr.[2] — Bei den
vier zuerst genannten Personen steht der Name beigeschrieben:

1. Cacu.   2. Artile.   3. Avle Vipinas.   4. Caile Vipinas.
Cacius.   Artilius.   Aulus Vibenna.   Caelius Vibenna."

Obwohl uns der Schlüssel zu diesem Räthsel fehlt, so ist jener
Spiegel doch von Wichtigkeit, weil die Namen der beiden Brüder
CAELIUS und AULUS VIBENNA genau mit denen des Wandgemäldes
von Vulci übereinstimmen.[3] Der Name VIBENNA in seinen ver-
schiedenen Formen ist in Etrurien häufig. Wir finden z. B. den
Namen AVLES V[I]PINAS auf einer Vase unbekannten Fundortes s.
FABRETTI C. J. J. 2579 und die weibliche Form VIPINEI F. 1852 (Peru-
gia) nebst VIPINIA F. Primo Suppl. 251. 3ter bb. VIPINAL F. 1871 (Peru-
gia) u. 680 (Chiusi) VIPINAL CORSSEN Etr. I. 992 und 993 (Chiusi) u. s. w.
Ferner wurden nahe bei Vulci in Tuscania mehrere Sarkophage mit
der verlängerten Namensform VIPINANAS gefunden FABRETTI C. J.
It. 2115—19 und VIPINANS (ebendort 2108).

Von den anderen Namen unseres Wandgemäldes lässt sich,
wenn wir vom MASTARNA absehen, wenig sagen; es bleiben noch
drei Paare von Kämpfern übrig, deren beigeschriebene Namen zu
erklären uns, bis jetzt wenigstens, versagt ist. Bei dem ersten Paare
heisst der Freund des MASTARNA: *Larth Ulthes*; dieses Geschlecht

---

[1] CORSSEN, Etr. I. 1005.
[2] HELBIG, Bull. d. Inst. 2. 1868, p. 216. FABRETTI Prim. Suppl. No. 376.
[3] Vgl. FABRETTI's Gloss. p. 1968—70 und u. d. W. *Caelius* p. 713—14. MÜLLER-
DEECKE, Etr. I. 111 A. 128.

kommt allerdings sonst noch vor (in der Orthographie O ᐯ ˥ F. 1148) *Avle Ulthe* FABRETTI C. J. J. 931 (Montepulciano) und 244 (Florenz) und das Metronynikon *ls. afle. ulthial.* F. 1222 (Perugia) und *lch. afles. uthial. clan* F. 1221 (Perugia). Neuerdings wurde in Siena eine Inschrift gefunden, die CORSSEN Etr. 2, 612 noch mit in seine Nachträge aufgenommen hat:

> *Al. Vltu Au.*   *Titial*
> d. h. *Al. Ultius Auli filius Titia matre natus*

Die ersten beiden Buchstaben erklärt CORSSEN nicht mit Sicherheit [1]; sie sind wahrscheinlich fehlerhaft und aus dem Schwanken links- und rechtsläufiger Schrift zu erklären, das sich auch sonst im Etruskischen nachweisen lässt; dann stände *al* für *la*, die Abkürzung für *lars*[2], und jener Lars Ultius führte denselben Namen wie der Freund des MASTARNA Larth Ulthes auf jenem Wandgemälde von Vulci.

Sein Gegner heisst *Laris papathnas velznach;* ein Name, der sonst nicht vorkommt; das letzte Wort wird schwerlich zum eigentlichen Namen gehören, sondern wohl als Ethnikon aufzufassen sein, d. h. aus Vulsinii nach CORSSEN Etr. 1. 332. 868—72.

Rechts daneben sieht man den Kampf des *Pesna arcmsnas svep(?)mach* gegen den *Pasce.* Man möchte vermuthen, dass *Pasce*[3] eine ganz besonders populäre oder doch verständliche Figur sein müsse wegen der Kürze der Beischrift, obwohl wir allerdings nicht im Stande sind, diesen Namen sonst noch nachzuweisen. Der Name seines Gegners, den er tödtet, scheint in Clusium heimisch gewesen zu sein, dort wurde sowohl die Inschrift einer Aschenkiste gefunden FABRETTI C. J. J. 553 *Thana Pesnei Titial,* als auch die Inschrift einer zweiten CORSSEN Etr. 2, 593 *Aule Pesna* aus Montepulciano: FABRETTI Pr. Suppl. 142 *Thana pesnei scenasa.* Dazu bemerkt FABRETTI Pr. Suppl. p. 22. „*Il gentilizio pesnei, da pesna, donde pesna-sa appartiene a Chiusi ed a Siena*"[4]. Doch scheinen diese Städtenamen schwerlich in dem unverständlichen und allerdings auch nicht sicher überlieferten *svep(?)mach* verborgen zu sein.

Schlies lich sei noch der Gegner des *Avle Vipinas* erwähnt Namens [*Ve]nthical[us] plsnth,* jedoch nur um hinzuzufügen, dass wir, wenn der Name richtig überliefert ist, von einem derartigen Geschlechte nichts wissen.

---

[1] „Al. kann vielleicht einen Vornamen Alfa bedeuten; das ist aber nicht sicher. Die Bedeutung der Sigle Al. bleibt somit dahingestellt."

[2] Vgl. FABRETTI, Gloss. 981.

[3] DEECKE, Etr. Forsch. 3, 368, glaubte vor dem Original zu lesen: *θasce;* FABRETTI: *Rasce;* die Monumenti d. Inst. geben die Form: *Pasce.*

[4] DEECKE, Etr. Forsch. 3. S. 374.

Damit schliesst das Bild der Befreiung des Cälius Vibenna
ab und wir haben nun noch einen Blick zu werfen auf die davon
getrennten Gruppen im Mittelraum (3 und c). Der Parallelismus beider
Gruppen springt sofort in die Augen: hier wie dort sind es nur
zwei Figuren, welche sich auf Tod und Leben bekämpfen; hier wie
dort ist der eine Kämpfer zunächst dem Portal bereits zu Boden
gesunken und wird durch die Hand seines Gegners, der ihm ins
Haar greift, niedergepresst. Der Unterschied zwischen beiden
Gruppen besteht darin, dass bei der einen Gruppe (c) nur einer der
Kämpfer ein Schwert hat, das er grade zu zücken im Begriff steht,
während sein bedrohter Gegner nur einen vergeblichen Versuch
macht, den Todesstreich mit der Hand abzuwehren. Bei der andern
Gruppe (3) sind beide Kämpfer bewaffnet und stossen sich gegenseitig
in demselben Moment der eine von oben, der andere von unten das
Schwert in die Brust. Hier fallen beide Kämpfenden, dort aber
geht einer als Sieger aus dem Kampfe hervor. Die Situation (3) ist
also klar genug; PAUSANIAS (5, 19, 6) beschreibt sie mit den Worten:
τῶν δὲ Οἰδίποδος Πολυνείχει πεπτωχότι ἐς· γόνυ ἔπεισιν Ἐτεοχλῆς.
Zum Überfluss stehen die, allerdings verstümmelten, Namen
daneben, die bei FABRETTI C. J. J. 2168 tab. XL vollständiger[1] an-
gegeben sind, als in dem Mon. d. Inst. 6—7 tav. 31. Doch auch hier
liest man mit Sicherheit: —*nice*, es sind also sicher die feindlichen
Brüder: Polynices und Eteocles. Das ist wichtig auch für die Erklärung des Gegenstückes (c) auf der anderen Seite. Hier heisst der
zu Boden gesunkene, der den Todesstreich empfangen soll: *Cueve
Tarchunies Rumach*.[2] Der Name seines Gegners wird gewöhnlich
falsch gelesen; FABRETTI C. J. J. 2166 schreibt: *marce camitlnas*[3],
was er durch „*Marcius Camartinus (?)*" wiedergiebt. Wenn wir uns
aber vergegenwärtigen, dass auf der andern Seite der eine Bruder
durch das Schwert des andern fällt, so verlangt die Gesetzmässigkeit
der Composition auch für unsere Gruppe die Darstellung eines
Brudermordes; da also der eine nach dem beigeschriebenen Namen
sicher ein Tarquinier ist, so muss auch sein Mörder demselben
Geschlechte angehören. Man braucht nur in der letzten Hälfte statt

---

[1] GARRUCCI, dem FABRETTI C. J. J. 2168 folgt, giebt die Namen der thebanischen
Brüder in dieser Form *vu[l]unice Polynices* und [*ma*]*rthucle Eteocles*.

[2] DEECKE, Etr. Forsch. 3, 246 liest nach Autopsie: *cneve tarchunies rumaχ*, und
ebenso NOËL DES VERGES; während dieser Name auf der Tafel XL bei FABRETTI nicht
so klar ist.

[3] Für die Verbindung von *tlna* kennt MÜLLER-DEECKE, Etr. 2, 443 nur noch ein
Beispiel: FABRETTI C. J. J. 2577 *bis*: *sup-itlna-s* (oder *upi-* ?), jedoch auch hier wird
dieselbe Aenderung vorzunehmen sein.

3*

l (ꓕ) *r* (ꓕ) zu schreiben, dann haben wir den Namen *t(a)rnas* und diese leichte Verbesserung, die ich in den Text aufgenommen habe, wird bestätigt durch die Lesarten eines Augenzeugen, der hier wirklich *r* statt *l* gelesen hat. NOËL DES VERGERS, dessen Varianten FABRETTI am Schluss (p. CXC) mitteilt, las nämlich *-trnacs* [1]; die Beischrift würde darnach also lauten: *marce camit(a)rnas*. Wegen der Form *cami-* muss ich auf DEECKE verweisen Etr. Forsch. 3, 246: „der Stamm *cam-* kommt vielfach in etr. Namen vor." Wir wissen zu wenig von der etruskischen Sprache, um eine halbwegs sichere Erklärung wagen zu können, es wäre aber nicht unmöglich, dass ein Geschlecht, in dem viele Mitglieder denselben Vor- und Familiennamen führten, aus praktischen Gründen durch einen derartigen Zusatz — was er auch immer bedeutet — zu individualisiren strebte. Übrigens ist diese Annahme durchaus nicht neu. Die Grabschriften der Tarquinier hatten CORSSEN schon zu einer ähnlichen Annahme geführt; er gibt [2] die Inschrift bei FABRETTI C. J. J. 2361 nach eigener Lesung in dieser Form: *Al. Ar(?)ce* [3] *Tarchnas Larth. clan*. CORSSEN a. a. O. bemerkt dazu: „Man kann nicht umhin, anzunehmen, dass diese Wortform *Ar(?)ce* zwischen dem Vornamen *Aule* und dem Familiennamen *Tarchnas* einen Familiennamen eines Zweiges der *Tarchnas* bedeutet." Diesem *arce-tarchna* kommt dann allerdings *marces-tarna* sehr nahe, und andrerseits ist auch *cami-tarna* analog gebildet. Aber es giebt noch andere Namensformen, die ebenfalls aus *tarcna* [4] und *tarna* abgeleitet sind. So z. B.

Fasti Patnei Ves-trcnas. CONESTABILE Mon. Per. IV. n. 116
Fasti Patnei Es-trcnas. „ „ „ „ 117.
R[am]atha Velus Ves-trcnial. CORSSEN Etr. 1, 743 F. 2337 aus der Grotta del Cardinale in Corneto; also eine Tarquinierin in Tarquinii.
Arnth Velchatini Ves-trnalisa. [5] (Arezzo) CORSSEN Etr. 1, 185. F. 475.

---

[1] Das c scheint nichts als ein Schreibfehler zu sein.
[2] Etr. I, 411.
[3] DENNIS, FABRETTI u. CANINA lesen: *Aucv;* MOMMSEN: *Avce.*
[4] Ob auch in der Inschrift bei DENNIS, Etr. I, S. 302 A. 11. *Fca suthi larthial tur . . . . s sacniu* ein Tarquinier gesucht werden darf, muss fraglich bleiben.
[5] Es verdient hier besonders hervorgehoben zu werden, dass die Form *Ves-trnalisa* (ohne *c* oder *ch*) hier durch mehrere Wiederholungen FABRETTI C. J. J. 475 A. B. C. D. sicher gestellt ist. Halten wir diese Form mit den oben erwähnten *Ves-trcnas Ves-trcnial* u. s. w. zusammen, so schwindet durch diese gleiche Fortbildung der letzte Zweifel an der Identität von *Tarchna* und *Tarna*, und also auch an der Verwandtschaft des *Mas-tarna* mit den Tarquiniern.

CORSSEN (2, 332) und DEECKE haben diese Beziehung nicht
erkannt und übersetzen diesen Namen *Vestergenia* ebenso falsch wie
Macstrna mit *Magister*.

Es leidet wohl keinen Zweifel, dass *Estrenas* ebensoviel ist, wie
Vestrenàs; nur dass hier, wie man im Griechischen sagen würde, das
Digamma verschwunden ist. Zur Begründung dieser Erklärung muss
auf zwei entsprechende Inschriften verwiesen werden[1]:

Larth Acsis Veilias Caiial clan CONESTABILE Mon. Per. III. 194
Laris „ [*V*]*eilias* „ „ „ „ „ 196,

wahrscheinlich werden wir also *Ves-trnalisa* und *Es-trnalisa* identifi-
ziren dürfen, sie gehen auf eine Form *Ves-tr(e)na* zurück, was wahrscheinlich als Doppelname = *Vessius Tarquinius* aufzufassen ist.[2]
Der Name *Vessius* ist nicht selten: Conestabile Mon. Perus. IV
n. 730 *Claudiu Vel.f. Vessia gnatus;* auch FABRETTI C. J. J. 1368—80
hat eine Reihe von Inschriften der *Titii Vesii* aus dem Erbbegräbniss
der Familie bei Perugia zusammengestellt.

Aber damit sind die Weiterbildungen des Namens noch nicht
einmal erschöpft; vielleicht ist auch noch eine Inschrift der früher
CAMPANA'schen Sammlung hierher zu ziehen F. 2577 *bis: Vel. Supi-
tlnas Larcesa,* wenn man auch hier wieder aus *l ꟼ r Λ* macht, wie
oben bei Camitarna, so gewinnen wir eine neue Verbindung, deren
Form allerdings nicht ganz sicher festzustellen ist. Das von FABRETTI
C. J. J. Tab. XLIV beigegebene Facsimile könnte mit demselben
Rechte gelesen werden: *upitlnas* oder gar *untlnas*, doch auch diese
Formen ermöglichen nicht eine genügende Erklärung.

Dürfen wir denn aber in der That voraussetzen, dass die mannig-
fachen Formen wie Mastarna, Marcestarna, Arces-Tarchnas, Cami-
tarnas, Supitarnas, Vestarna und Estarna wirklich, wie CORSSEN
meint, einen Zweig der Familie bezeichnen? Ich glaube kaum; denn
dann müssten zu viele Zweige existirt haben, namentlich müssten
wir dann ganz sichere Beispiele haben, dass zwei Mitglieder derselben Gruppe allerdings den gleichen Doppelnamen, aber daneben
ganz verschiedene Vornamen führten. Ich möchte daher lieber voraussetzen, dass diese individualisirenden Zusätze sich nicht auf eine
Gruppe, sondern eher auf die betreffende Persönlichkeit bezogen
haben. Die Bedeutung derselben ist uns allerdings nicht klar; allein,
es sind ja sehr verschiedene Möglichkeiten denkbar, die dazu Ver-
anlassung geben konnten. Übrigens müssen wir auch bei den Etrus-

---

[1] Vgl. CORSSEN, Etr. I, 106.
[2] Ueber etruskische Doppelnamen, vgl. CORSSEN, Etr. 2, S. 516—20.

kern voraussetzen, was von den Doppelnamen überhaupt gilt, dass
nämlich einer der beiden Namen der wichtigere ist, der offizielle
Gültigkeit hat; wir dürfen uns desshalb nicht wundern, dieselbe
Person an der einen Stelle mit dem Hauptnamen, an der anderen
dagegen mit ihrem vollen Doppelnamen bezeichnet zu sehen.
Ebenso führt die Verwandte eines Marces Tarna keinen Doppelnamen, sondern wird in der obenerwähnten Sarkophaginschrift einfach Thanchvil Tarnai genannt. Ich möchte es daher nicht als
sicher, sondern zunächst nur als möglich hinstellen, dass dieselbe
Person, die auf einem Bilde Mcstrna, d. h. Marces Tarna genannt
wurde, auf einem zweiten unter dem Namen Marces Cami-trna
wiederholt wird, was dann ebenfalls mit Marces Tarna identisch
wäre. Dass eine Person in demselben Grabe zweimal dargestellt
ist, verliert alles Auffällige durch den Hinweis auf die Figur des
Aias, der das eine Mal mit den trojanischen Gefangenen, das andere
Mal mit der Cassandra in Verbindung gebracht wird.

Wir wissen nicht, was Cami- bedeutet, aber nehmen wir einmal an, dass Marces Cami-tarnas so viel bedeutet, wie Marcus Servius Tarquinius, d. h. also nach der späteren Ausdrucksweise M.
Spurius Tarquinius, dann erklärt sich von selbst, wie derselbe Mann
ein Mal mit dem abgekürzten, das andere Mal dagegen mit dem
vollständigeren Namen bezeichnet wäre. Aber selbst, wenn wir in
der Bedeutung dieses etruskischen Wortes irren sollten, so sind noch
viele andere Möglichkeiten, diese verschiedene Benennung desselben
Mannes zu erklären.

Kehren wir nun wieder zu dem von Kaiser CLAUDIUS erwähnten
MASTARNA zurück, so hat sich die Angabe der tuskischen Annalisten
glänzend bestätigt; um so glänzender, als Kaiser CLAUDIUS sicher
keine Ahnung von dem wahren Sachverhalt und der richtigen Etymologie des Namens hatte, weil er sonst nicht verfehlt haben würde,
seine ganze Weisheit vor dem Senate auszukramen. Wenn also
SERVIUS-MASTARNA wirklich nicht nur ein Zeitgenosse, sondern sogar
ein Mitglied der tarquinischen Dynastie war und wir die Identität
der Personen als gesichert ansehen können, so gewinnen wir damit
das Recht, die römischen Nachrichten mit den etruskischen zu com-
biniren. — Wie unsicher die römischen Angaben über seine Geburt
lauten, sieht man am besten aus der noch nicht einmal vollständigen
Zusammenstellung der sieben verschiedenen Versionen, die SCHWEG-
LER R. G. I, 713 A. 2 zusammengesucht hat; die meisten stimmen
darin überein, dass sie den Flecken seiner Geburt hervorheben. der
übrigens ja auch dem Namen des SERVIUS deutlich genug anhaftet;
auch darin stimmen fast alle überein, dass er im Hause der Tar-

quinier geboren wurde, und zwar, wie wenigstens von einer Seite
behauptet wird, als Sohn einer *serva* und des Hauslaren. Lar soll
ja bekanntlich soviel bedeuten wie Herr.[1] SERVIUS wäre also der
Sohn des Hausherrn, d. h. in diesem Falle des Königs Tarquinius
und er selbst wäre also ein wirklicher, wenn auch unechter, Tarquinier, also ein Bastard des Königshauses. Schon im Alterthum
hielt man den SERVIUS TULLIUS für einen Sohn seines Vorgängers
nach CICERO de re publ. 2, 21, 38 *ita Tarquinius — — sic Servium
diligebat, ut is eius volgo haberetur filius.* Diese Auffassung ist
durchaus keine „Albernheit", wie sie NIEBUHR R. G. 1.[4] 381 A. 898
erschien; sie ist vielmehr der mythologische Schleier, mit dem das
Volk den Makel der Geburt seines Lieblings zu verdecken be-
strebt war.

Wenn ein Bastard seinem Vater auf dem Throne folgt, so ist voraus-
zusetzen, dass er dies erst durch heftige innere Kämpfe erreicht hat, die
von den verschiedensten Wechselfällen begleitet sein konnten. Die
Göttin des Servius war bekanntlich die Fortuna[2] und dem Dienste dieser
Göttin weihten sich von jeher Diejenigen, welche Handgeld nahmen.[3]
Es war das Schicksal eines jüngeren Sohnes und um so mehr natürlich
eines Bastards, fremde Kriegsdienste zu suchen; und wir brauchen
uns nicht zu wundern, den Bastard einer etruskischen Dynastie in
den Scharen des Caelius Vibenna wiederzufinden, an dessen Sache
er in Freud und Leid festgehalten hat[4]. Mit den Resten des caelianischen Heeres zog er sich in seine Heimath zurück; und besetzte
mit oder ohne Erlaubniss der Römer den Hügel, der von nun an
den Namen seines Führers tragen sollte.[5] Mit den Angaben des
CLAUDIUS stimmt auch TACITUS ann. 4, 65 überein: *Haud fuerit
absurdum tradere montem eum antiquitus Querquetulanum cognomento
fuisse, quod talis silvae frequens fecundusque erat, mox Caelium appelli-
tatum a Caele Vibenna, qui dux gentis Etruscae, cum auxilium tulisset,
sedem eam acceperat a Tarquinio Prisco, seu quis alius regum dedit,
nam scriptores in eo dissentiunt.*[6] Zu den Schriftstellern von ab-
weichender Meinung rechnet TACITUS wahrscheinlich auch den VARRO,
der dieselbe Sache erzählt, sie aber in andere Zeit verlegt, d. l. l. 5, 46

---

[1] FABRETTI, Gloss. p. 1001.
[2] PLUTARCH, quaest. Rom. 74. fort. R. 10. SCHWEGLER, R. G. I, 711—12.
[3]   Auf der Fortuna ihrem Schiff
              Ist er zu segeln im Begriff,
sagt der Wachtmeister in Wallensteins Lager zu dem eben angeworbenen Recruten.
[4] S. o. *Vivennae sodalis fidelissimus omnisque eius casus comes.*
[5] S. o. *Montem Caelium occupavit et a duce suo Caelio ita appellitavit.*
[6] Vgl. NIPPERDEY's Anm. z. d. O.

ed. M. p. 18: *In Suburanae regionis parte princeps est Caelius mons a Caelio l'ibenno, Tusco duce nobili, qui cum sua manu dicitur Romulo venisse auxilio contra Tatium regem: hinc post Caelii mortem, quod nimis munita loca tenerent neque sine suspicione essent, deducti dicuntur in planum. Ab iis dictus vicus Tuscus.*[1]

FESTUS ist schwankend wegen des Ursprungs dieses Namens p. 355: *Tuscum vicum — — dictum aiunt ab* [*iis qui Porsena rege*] *descedente ab obsi*[*dione e Tuscis remanserint*] *Romae*; *locoque his dato* [*habitaverint aut quod Volci*] *entes fratres Caeles et Vibenn*[*a quos dicunt regem*] *Tarquinium Romam secum max*[*ime adduxisse eum colue*] *rint.*[2] Wenn wir die Nachricht zunächst auf sich beruhen lassen, dass die Etrusker später den Caelius mit dem vicus Tuscus hätten vertauschen müssen, so bleibt der erste Theil der Nachricht von einer etruskischen Ansiedelung auf dem Caelius bestehen, der sich mit dem, was wir sonst wissen, recht wohl in Einklang bringen lässt. Der Gang der servianischen Mauer zeigt deutlich, dass dieser Hügel damals bereits zur Stadt gehörte. Hier lagen der grosse Ludus gladiatorius und die Castra Peregrina; es wäre aber mehr als kühn, die Castra Peregrina auf dem Caelius mit dem Lager der caelianischen Söldner auf demselben Hügel in Verbindung zu bringen. Wir kennen allerdings weder das Alter noch die Bestimmung der Castra Peregrina mit Sicherheit; müssten aber doch voraussetzen, den Namen auch in republicanischer Zeit zu finden. Ein befestigtes Lager kann damals auf dem Caelius nicht mehr existirt haben, da dieses in den Strassenkämpfen der republikanischen Zeit eine ganz hervorragende Rolle hätte spielen müssen; und dass der Name noch so lange später an der Localität sollte gehaftet haben, nachdem sie einen ganz anderen Charakter angenommen, ist wenig wahrscheinlich. Auch das Thor am Fusse des Hügels, die Porta Capena, trug — wie man auch den Namen erklären mag[3] — jedenfalls einen etruskischen Namen. Alles stimmt so gut zusammen, dass wir uns bei den übrigens nicht direkt widersprechenden Nachrichten, schon Tullus Hostilius oder Ancus Martius habe den Caelius zur Stadt gezogen, nicht aufzuhalten brauchen. — Wenn Mastarna wirklich ein Bastard der Tarquinischen Dynastie war, so gewinnen wir damit chronologisch einen festen Punkt auch für den Vibenna und seine Niederlassung auf dem Cae-

---

[1] DIONYS von Hal. 2, 36. FESTUS p. 44.

[2] Die MÜLLER'schen Ergänzungen sind hier wenig befriedigend, namentlich *secum maxime adduxisse* ist entschieden gezwungen; vielleicht hat Festus geschrieben: *aut quod Volci*]entes fratres Caeles et *A.* Vibenn[*ae, qui patria expulsi ad regem*] Tarquinium Romam se cum Max[*tarna contulerunt, eum colue*]rint.

[3] Vgl. JORDAN, R. Topogr. I. 1. 227.

— 41 —

lischen Hügel; die Etymologie des Namens verbietet, den Mastarna
mit seinem Freunde bis in die Zeit des Romulus und Titus Tatius
hinaufzurücken.

Vergegenwärtigen wir uns nun die politische Lage beim Tode
des ersten Etruskerkönigs von Rom. Wenn Tarquinius Priscus
seinem natürlichen Sohn, den die römische Sage zu seinem Eidam
macht, mit seinen etruskischen Söldnern ein befestigtes Lager [1] auf
dem Caelius eingeräumt hatte, dann konnten MASTARNA und seine
Leute ein sehr gewichtiges Wort mitreden, wenn es sich um die
Wiederbesetzung des Thrones handelte, um so mehr, da das
damalige Rom noch eine offene Stadt war, ein stehendes Heer
ausser jenen Söldnern sonst nicht existirte, und innere Parteiungen
seine Gegner nicht zu einer festgeschlossenen Einheit kommen liessen.
Auch in der römischen Ueberlieferung finden wir Andeutungen genug,
dass die Unzufriedenheit mit dem etruskischen und aristocratischen
Regiment der Tarquinier gross war, dass also Elemente vorhanden
waren zu dem, was wir heutzutage eine nationale oder Volkspartei
nennen würden. Wenn MASTARNA diese Elemente zu sich heranzog, so
konnte er, gestützt auf die caelianischen Söldner, als Thronprätendent
auftreten. Wer sein Gegner war, weiss die römische Tradition allerdings nicht zu sagen; nur so viel lässt sich mit Sicherheit behaupten,
Tarquinius Superbus, der Nachfolger und Eidam des Servius Tullius,
kann bei der langen Regierung, die wir aus mehr als einem Grunde
dem SERVIUS zuschreiben müssen, der Sohn des Tarquinius Priscus
nicht gewesen sein, der seinem illegitimen Bruder die Herrschaft
streitig machte.

Es ist eine alte Streitfrage, die von alten [2] und neueren Forschern
in verschiedenem Sinne gelöst worden, ob Tarquinius Superbus der
Sohn oder Enkel des Tarquinius Priscus gewesen; schon DIONYS
VON HALIKARNASS (4, 7) hatte die Unmöglichkeit der erstern Auffassung erkannt und zwischen beiden regierenden Königen einen
nicht regierenden Sohn des Tarquinius Priscus eingeschoben, der
aber neuerdings meistens als ein chronologischer Nothbehelf verworfen wurde. Diese Frage erhält aber eine neue Wendung, wenn
wir an der historischen Thatsache festhalten, dass Servius Tullius
der natürliche Sohn und Nachfolger des Tarquinius Priscus gewesen.
Dadurch ergibt sich die Nothwendigkeit, den Tarquinius Superbus
einer späteren Generation zuzuweisen; Tarquinius Priscus muss also

[1] VARRO d. l. l. 5, 46 Quia nimis munita loca essent.
[2] LIVIUS I, 46 sagt von L. Tarquinius: Prisci Tarquinii regis filius neposne fuerit,
parum liquet. — Relliq. h. rom. ed. Peter I, p. 124—25.

noch einen anderen, legitimen, Sohn gehabt haben, dessen Namen die römische Tradition nicht überliefert hat. Vielleicht ist der Versuch nicht zu kühn, diesen Namen aus dem Wandgemälde von Vulci zu ergänzen, nämlich: *Cneve Tarchunies rumach.* — Der legitime Sohn und präsumptive Thronfolger war selbstverständlich der Gegner seines Halbbruders, der ihm den Thron streitig machte; und wenn der Bastard schliesslich die Krone davon trug, so müssen erbitterte, wahrscheinlich sogar persönliche Kämpfe zwischen den Prätendenten vorhergegangen sein, in denen der Bastard siegte. Dies ist der. Kampf, der in jener Felsengrotte von Vulci dargestellt wurde, wenn wir den Sinn jenes Gemäldes oben richtig gedeutet haben. Wie Eteocles und Polynices um die Herrschaft von Theben streiten, so auch die beiden Tarquinier um die Herrschaft von Rom. Doch neben dem Parallelismus ist auch der Unterschied beider Gruppen von dem Maler deütlich genug hervorgehoben; hier tödten sich beide Brüder gegenseitig beim Kampf um die Krone, dort dagegen bleibt einer Sieger, der also schon aus diesem Grunde wahrscheinlich mit einem der regierenden Könige identificirt werden muss.[1] Man wird allerdings zugeben müssen, dass in der römischen Ueberlieferung sich keine Spuren dieses Brudermordes nachweisen lassen. Aber einmal war SERVIUS, wie gesagt, ihr Liebling, der es verstanden, durch seine Herrschaft die Art und Weise vergessen zu machen, wie er sie erlangt hatte; sodann aber wissen auch die römischen Annalisten vom Verwandtenmorde innerhalb der tarquinischen Dynastie zu erzählen. Auch nach römischer Tradition tödtet Tarquinius Superbus seinen Schwiegervater; auch Junius Brutus und Aruns Tarquinius, die in der Schlacht an der Arsia sich gegenseitig vom Pferde stachen, waren leibliche Vettern. Der Mord der Vettern war das blutige Nachspiel zum Brudermorde der vorhergehenden Generationen.

Die Herrschaft des SERVIUS wurde also mit dem Schwert erworben im Gegensatz gegen das bestehende Recht; sie war demnach im antiken Sinne des Wortes eine Tyrannis. Dieser illegitime Ursprung der Herrschaft des SERVIUS tritt übrigens auch in der römischen Tradition noch deutlich genug hervor, besonders bei CICERO de rep. 2, 21, 38 *cum Tarquinius — — interisset, Serviusque — — regnare coepisset, non iussu, sed voluntate atque concessu civium — — non commisit se patribus, sed Tarquinio sepulto, populum de se ipse consuluit, iussusque regnare legem de imperio suo curiatam tulit;* und LIVIUS 1, 46 *Servius — — ausus est ferre ad populum vellent*

---

[1] Die Beziehung auf Rom ergiebt sich, wenn man von dem Namen Tarquinius absieht, schon durch den Zusatz rumach (Romanus).

iuberentne se regnare, tantoque consensu, quanto haud quisquam alius ante rex est declaratus.[1] Diese Volksabstimmung ist also — die Parallelen mit der neueren französischen Geschichte drängen sich hier eigentlich von selbst auf — ein *Suffrage universel* im alten Rom, das den Mangel der Legitimität hei dem neuen Herrscher verdecken und dem factischen Könige einen Rechtstitel geben sollte, den er bis dahin nicht hatte.

In den meisten Staaten des classischen Alterthums sehen wir das ursprüngliche Königthum nicht direct in eine, wenn auch aristokratische, Republik übergehen, sondern meistens wird der Uebergang durch eine ursprünglich wenigstens oftmals populäre Tyrannis vermittelt, nur bei den Römern hat sich bis jetzt eine entsprechende Tyrannis nicht nachweisen lassen; dies wäre also die Rolle, die dem SERVIUS zugefallen. Dieser erste illegitime König bezeichnet für das etruskische Königthum in Rom den Anfang vom Ende und in republikanischer Zeit wurde SERVIUS TULLIUS in der That als der Vorläufer der Republik aufgefasst, man schrieb ihm sogar die Absicht zu, das Königthum abzuschaffen, nur sein unerwarteter Tod, so meinten seine Verehrer in späterer Zeit, habe ihn an der Ausführung dieses Planes verhindert. Diese populäre Tyrannis stützte sich nicht, wie das legitime Königthum der Tarquinier, auf die Reichen und Vornehmen, sondern auf das nationale Element und die Söldner; zwischen denen die Kluft wahrscheinlich nicht so gross war als man auf den ersten Blick anzunehmen geneigt ist. Die etruskischen Reissläufer recrutirten sich natürlich besonders aus den Reihen der hörigen Bauern Etruriens, die ihren adeligen Herrn stammfremd gegenüber standen, während sie mit den indogermanischen Grenznachbarn, den Umbrern und Latinern, durch gemeinsame Abstammung verbunden waren. Dies wird der Grund gewesen sein, weshalb später Südetrurien sich so rasch und leicht romanisirte. Vielleicht waren sogar die Reste des Caelianischen Heeres nach der Ansiedelung in Rom durch römische Elemente verstärkt und reorganisirt. Die Schwierigkeit kann also nicht sehr gross gewesen sein, sich auf beide Elemente zugleich zu stützen, sie vielleicht schliesslich zu einer Partei zu verschmelzen und durch eine bürgerlich-militärische Verfassung zu befriedigen. Einerseits der volksthümliche, andrerseits der militärische Charakter der servianischen Verfassung ist längst anerkannt und braucht nicht noch im Einzelnen bewiesen zu werden; und dieser doppelte Charakter erklärt sich am einfachsten in der Weise, dass König SERVIUS seine Söldner definitiv in den römischen Staat und andrerseits die

---

[1] Vgl. DION. Hal. 4, 8 und 12.

römischen Bürger in den militärischen Organismus aufnahm und einverleibte.

Es ist oft genug, und mit Recht, hervorgehoben, dass die servianische Verfassung durchaus keinen etruskischen Charakter hatte, und dieses Argument dann meistens — mit Unrecht — gegen die etruskische Abkunft der Tarquinier und des SERVIUS verwandt worden. Die Tarquinier bleiben eine etruskische Dynastie, und SERVIUS ist ebenfalls ein Tarquinier; während aber das legitime Königthum ganz in etruskischer Weise sich auf den Adel stützte, musste die usurpirte Tyrannis sich auf diejenigen Elemente stützen, die dem etruskischen Adelsregiment feindlich [1] waren, d. h. einerseits die nationale Partei in Rom, andererseits die Söhne der misshandelten etruskischen Hörigen, die in Rom ein neues Vaterland gefunden hatten. Die Regierung und Verfassung des SERVIUS bedeutet also für Rom Emancipation und Sieg der indogermanischen Italiker, die seit der Einwanderung der Etrusker den Eroberern rechtlos gegenübergestanden hatten. Dadurch war natürlich der servianische Staat schon mit dem Tage seiner Entstehung in einen principiellen Gegensatz zu den Etruskern gedrängt; und gegen diese hat er seine wichtigsten Kriege geführt nach CICERO de republ. 2, 21, 38 *et primum Etruscorum iniurias bello est ultus (Servius) ex quo cum ma***.* [2] Die Triumphalfasten lassen den SERVIUS dreimal über die Etrusker triumphiren [3]. Den besten Beweis aber, dass seine Herrschaft nicht, wie man es sich gewöhnlich vorstellt, bloss durch innere Verfassungsfragen und Reformen ausgefüllt wurde, liefern die jetzt noch stehenden Reste der servianischen Mauer. Ein kolossaler Bau von diesen Dimensionen lässt auf Kriege schliessen, vergangene sowohl wie zukünftige, die einen derartigen Aufwand von Geld und Arbeit notwendig machten; eine lange Friedenszeit dagegen lässt so riesige Mauern nicht entstehen, sondern vielmehr selbst die vorhandenen in Verfall gerathen. In diesen wiederholten Kämpfen mit den Etruskern wird sich auch die bürgerlich-militäische Verfassung des SERVIUS ausgebildet und vielleicht auch umgebildet haben. Von der Verfassung gilt dasselbe wie von den Mauern: eine kriegerische Verfassung entsteht nicht in friedlicher Zeit. Verfassung und Mauern des SERVIUS sind der beste Beweis nicht nur für die kriegerische Vergangenheit des Mastarna, sondern auch für den kriegerischen Charakter seiner Regierung.

---

[1] DIONYS von Halikarnass 4, 25: δημοτικός — ἐδόκει τήν τε τῆς βουλῆς ἐξουσίαν καὶ τὴν τῶν πατρικίων δυναστείαν ἐλαττοῦν.

[2] Sollte auch hier zu ergänzen sein: ex quo, cum Mastarnae nomen mutasse', rex factus est?

[3] C. J. L. I, p. 453.

„Augenscheinlich" sagt MOMMSEN [1] von der servianischen Ver-
fassung „ist diese ganze Institution von Haus aus militärischer Natur.
In dem ganzen weitläufigen Schema begegnet auch nicht ein einziger
Zug, der auf eine andere als die rein kriegerische Bestimmung der
Centurien hinwiese; und dies allein muss für jeden, der in solchen
Dingen zu denken gewohnt ist, genügen, um ihre Verwendung zu
politischenZwecken für spätere Neuerung zu erklären." Es ist das
Verdienst von Soltau [2] auf das Verhältniss von Kriegsheer und Stimm-
heer hingewiesen und gezeigt zu haben, dass die Begünstigung der
Reichen eine Neuerung war, welche die aristokratische Partei erst
beim Sturze des Königthums durchführte.

Die Berichte der Alten stimmen darin überein, dass SERVIUS
eine lange gesegnete Regierung geführt habe, die erst durch die
Ermordung desselben ein Ende fand. Da nämlich SERVIUS keine
Söhne hatte, denen er sein Reich vererben konnte, so machte er
einen der Nachkommen des Tarquinius Priscus (also wahrscheinlich
seinen Neffen) zu seinem Eidam, um auf diese Weise eine „Fusion"
beider feindlichen Linien der Dynastie anzubahnen und das Unrecht
seiner Usurpation zu sühnen. Aber es · ist als ob der Fluch des
Brudermordes auf ihm lastete und auch den Versuch der Sühne ver-
eitelte. Dies ist ein weiterer Grund, den in Vulci dargestellten Brudermord der Tarquinier gerade auf den SERVIUS-MASTARNA zu beziehen;
denn dann gewinnt die Ermordung desselben durch seinen Schwieger-
sohn eine Begründung oder nach dem Geiste der damaligen Zeit
eine Nothwendigkeit, die ihr nach der römischen Tradition durchaus fehlt. Tarquinius Superbus brauchte darnach nur noch kurze Zeit
bis zum Tode des hochbetagten Königs zu warten, um das von
selbst wie eine reife Frucht sich in den Schoos fallen zu sehen,
was er nun durch einen scheinbar so unmotivirten Mord vorweg-
nahm. Anders aber stellte sich die Sache, wenn er noch die Manen
seines gemordeten Vaters zu sühnen hatte. Dann konnte er sich
selbst durch die Wohlthat und das versöhnliche Entgegenkommen
des SERVIUS von seinem Rachewerk nicht abhalten lassen.

Daran scheiterte also der gänzlich verunglückte Versuch der Ver-
einigung. Derselbe führte, nicht nur den Tod des SERVIUS herbei, sondern stellte auch die neue Verfassung in Frage, dadurch, dass der Mörder
und Nachfolger, der Kraft seines eigenen Erbrechts den Thron be-
stieg, wieder zu den alten Regierungsgrundsätzen seines Hauses
zurückkehrte. Noch einmal konnte das alte legitime Königthum

---

[1] R. G. 1 [7] 93.
[2] Altrömische Volksversammlungen, Berlin 1880.

wie das bourbonische in Frankreich seinen Einzug in Rom halten und die heilsamen Reformen der Zwischenzeit ignoriren; aber auch dieser „Restauration" war keine längere Dauer beschieden. Das nationale Element war unter der langen Herrschaft des SERVIUS zu sehr erstarkt, um jene fremde Dynastie noch länger gegen göttliches und menschliches Recht freveln zu sehen. Die Ideen der servianischen Verfassung blieben lebendig bei den Römern und führten schliesslich zur Vertreibung des Tarquinius Superbus.

Während das Andenken der Tarquinier verflucht wurde, erinnerte sich das römische Volk noch in späten Jahrhunderten, wenn es an den Nonen jedes neuen Monats zusammenkam, dankbar des guten Königs SERVIUS und feierte ihn als seinen Wohlthäter und den Begründer nationaler Unabhängigkeit und bürgerlicher Freiheit.

Wie Derjenige, der seinen Enkeln die Geschichte seiner Jugend erzählt, am Liebsten und Längsten bei den freudigen und ruhmreichen Erinnerungen verweilt, während die dunkeln Punkte unverhältnissmässig zurücktreten, so hat die römische Annalistik sich von jenen dunkeln Partien der etruskischen Fremdherrschaft abgewendet, und uns statt dessen ein Bild gezeichnet, das besser im Stande ist, der römischen Eigenliebe zu schmeicheln, und namentlich auch in sofern besser den Ansichten der späteren Zeit entspricht als die Herren der Welt darnach nicht ihren Nachbarn früher einmal unterthänig waren. — Geben wir diese Illusion aber auf, dann eröffnet sich uns eine Perspective in eine Periode altitalischer Geschichte, die man sonst Preiss zu geben bereit war. Schmeichelhaft ist das Bild, das ich hier, wenn auch nur in den Umrissen zu entwerfen versucht habe, für die Römer allerdings nicht, aber es stimmt zu einem andern Bilde, das V. HEHN und W. HELBIG uns für die vorhergehende Periode gezeichnet haben und ebenfalls nicht schmeichelhaft genannt werden darf. Wenn sie Recht haben, dass die Pfahlbautenbewohner der Poebene, die früher kaum recht als Menschen betrachtet wurden, als die Vorfahren der Italischen Culturvölker anzusehen sind, dann müssen wir unsere Vorstellungen von der Cultur, mit der die Italiker nach Oberitalien einwanderten, ganz bedeutend herabstimmen. — Dass die Vorfahren der Römer und Latiner das Schicksal ihrer Stammesgenossen theilten, braucht nicht erst gesagt zu werden. Die Keime einer höheren Cultur erhielten sie erst, nachdem sie südlich vom Tiber sesshaft geworden, von den früher entwickelten Culturvölkern, durch den friedlichen Handelsverkehr der Phönizier, durch die harte Zucht etruskischer Herrschaft und schliesslich den Alles überflügelnden Einfluss der Hellenen.

Inhalts-Uebersicht.

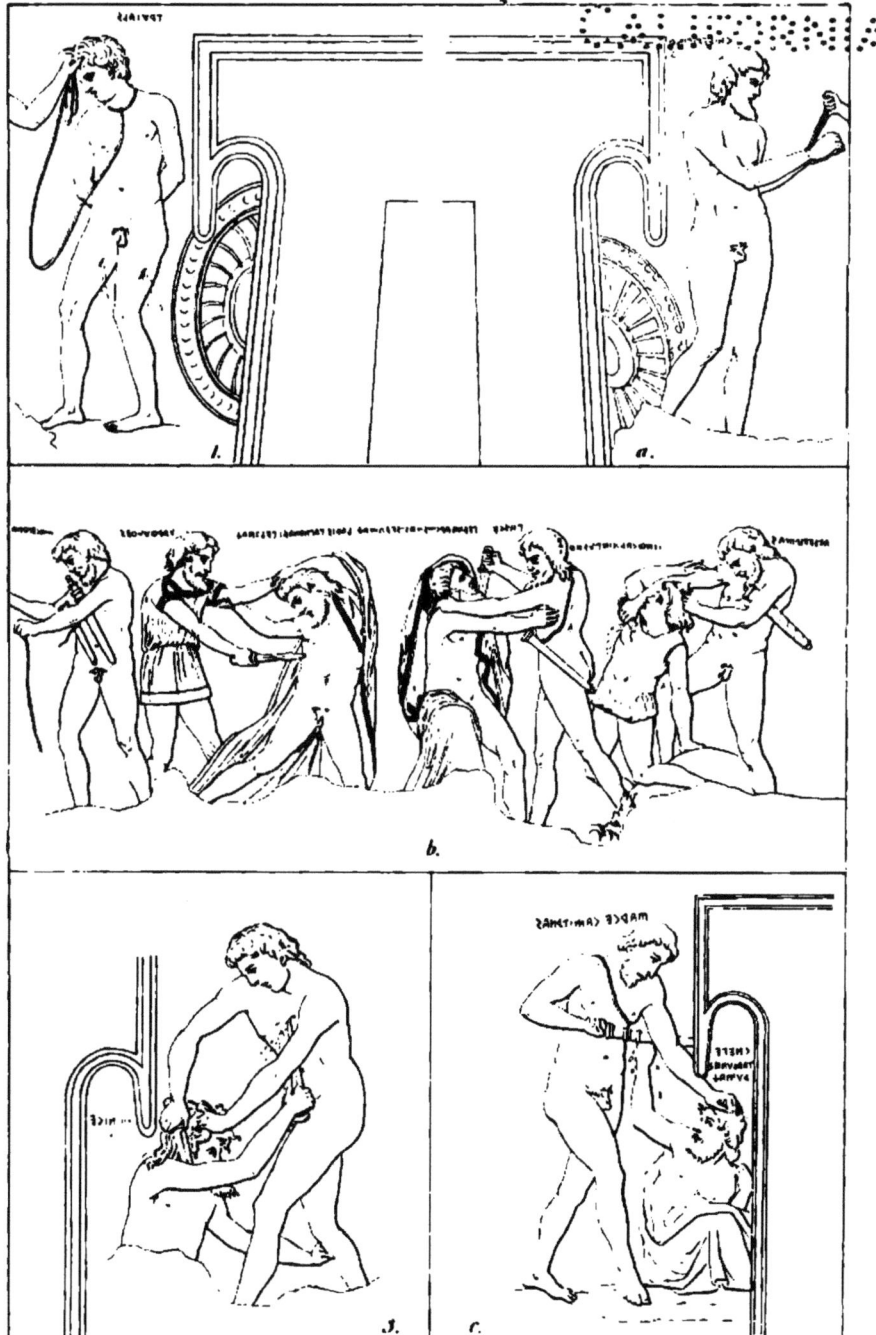

Verlag Veit & Comp. Leipzig.

Lith. Anst. v. E. A. Funke, Leipzig.